揭秘世界财富

扎克伯格
从零到百亿的商业思维

启 文 编著

山东画报出版社

图书在版编目（CIP）数据

扎克伯格　从零到百亿的商业思维 / 启文编著 . --
济南：山东画报出版社，2020.6
（揭秘世界财富）
ISBN 978-7-5474-3512-0

Ⅰ . ①扎… Ⅱ . ①启… Ⅲ . ①马克·扎克伯格—网络
公司—企业管理—经验 Ⅳ . ① F279.712.444

中国版本图书馆 CIP 数据核字（2020）第 090877 号

扎克伯格：从零到百亿的商业思维
ZHAKEBOGE : CONG LING DAO BAIYI DE SHANGYE SIWEI
（揭秘世界财富）
（JIEMI SHIJIE CAIFU）
启　文 编著

责任编辑　张桐欣
装帧设计　青蓝工作室

主管单位　山东出版传媒股份有限公司
出版发行　山东画报出版社
　　　社　　址　济南市市中区英雄山路 189 号 B 座　邮编 250002
　　　电　　话　总编室（0531）82098472
　　　　　　　　市场部（0531）82098479　82098476（传真）
　　　网　　址　http://www.hbcbs.com.cn
　　　电子信箱　hbcb@sdpress.com.cn
印　　刷　北京一鑫印务有限责任公司
规　　格　870 毫米 × 1220 毫米　1/32
　　　　　　6 印张　152 千字
版　　次　2020 年 6 月第 1 版
印　　次　2020 年 6 月第 1 次印刷
书　　号　ISBN 978-7-5474-3512-0
定　　价　178.80 元（全 6 册）

前　言

有着哈佛计算机学和心理学背景的扎克伯格是一个天生的程序员、企业家，他创办的 Facebook（脸书）也被人们称为"完美的产品与优秀的团队的组合"。

他 10 岁就开始编程，编程对于他来说，就是一种直觉。他已经和那些程序代码融为一体。由此，我们不难理解他能设计出世界上知名的产品了。

虽然是从大学宿舍创业起步，但这个团队的素养并不低，哈佛同学萨维林、天才创业家肖恩·帕克，以及曾在政府出任高官的桑德伯格等一帮有卓越才华人士的加盟和帮助，使得公司从一个草根企业成长为一个商业帝国。

这个男孩还有慈善的爱心和较强的责任心。他捐资 1 亿美元的原始股票助学，创造的财富故事更是让整个世界都为之疯狂。

从害羞的男孩逐渐成长为成熟的企业家，扎克伯格成为名副其实的人气之王。在一个传统偶像影响乏力的情况下，扎克伯格成为人们心目中的新偶像，他在网络有数千万粉丝。他的个人生活也成为娱乐新闻和热点话题，而他的故事已经被搬上银幕，好莱坞制作的《社交网络》——正是以他为原型改编的电影,获得了多项奥斯卡提名。其实,他的创业故事和人生经历远比电影更跌宕起伏,更富有戏剧性和艺术性。

生命中那些温暖、神秘的联结,与网络时代那些冰冷、严谨的技术相互作用,成就了 Facebook。我们写扎克伯格,不是简单地满足我们对这位技术天才和财富新贵的好奇心,而是挖掘他的成功之道,了解他如何发现梦想的萌芽并将其呵护成大树,如何驾驭 Facebook 这个庞然大物……为当代青年走向成功的人生道路和创建自己的企业帝国提供一些借鉴和帮助。

毫无疑问,扎克伯格的成功没有电影《社交网络》来得那么简单、突然和富有戏剧性,他的成功在于他的专注、自律、不逃避……他虽然是天才,但他在创业过程中也遇到了很多问题和麻烦——内心的挣扎和纠结、外在的诱惑和陷阱、企业的纠纷和麻烦、管理的难处和阵痛……

他是如何洞见财富先机的?他是如何化解这些麻烦的?他又该如何保持这个年轻企业的生命和活力而不至于昙花一现?从本书中,我们就可以读到他的远见、智慧、责任……

我们用纪实的手法生动、真实地还原这个天才的经历和这家企业的成长,让您本次的阅读体验是精神的愉悦享受,是智慧的巅峰体验,是财富的投石问路。

目 录

第一章
少年 "恺撒"

名人小时候一定与众不同吗？其实，每个人都与众不同，关键是他成名之后，这种不同才被人津津乐道。扎克伯格的不同在于他除了是一个电脑天才之外，还喜欢古典文学，他曾经幻想自己是恺撒，拥有他的帝国。

孤独神童

　　1984 年 5 月 14 日，马克·扎克伯格出生在纽约市北威郡郊区多布斯费里镇的一个中产阶级家庭。多布斯费里镇是一个典型的富人区，这个 2.4 平方英里，1 万多人口的小镇，有很多小说家、剧作家、演员以及体育明星居住在这里。

　　马克的父亲爱德华·扎克伯格是一个牙科医生，在镇上开了一家私人牙科诊所。由于技术精湛以及善于和病人沟通，爱德华得到一个"无痛牙医"的美称，当然这也得益于马克的母亲凯伦的帮助。凯伦曾是一名精神科医生，因为要帮助丈夫打理诊所和照顾孩子，所以决定放弃自己的工作。

　　在马克之前，爱德华和凯伦已经有一个女儿了，她的名字叫兰蒂，马克是他们的第二个孩子。

　　"谢天谢地，是个男孩！"爱德华从医生手里接过襁褓中的婴儿的时候，已经在幻想这个孩子将来成为一个著名牙医时的情景。虽然美国崇尚自由，但是这并不妨碍爱德华希望自己的儿子可以按照犹太人的传统子承父业。

　　不过凯伦显然更关心孩子长得是否漂亮，她抱过孩子在他胖嘟嘟的脸颊上轻轻一吻："听我说，亲爱的，将来他会是一个美男子。"当然，这时候的马克还什么也不明白，哭声是他唯一能够回应母亲的方式。

1984 年 5 月	出生于纽约富人区犹太人家庭，父亲是牙医，母亲是精神科医师
1994 年 5 月	10 岁从父亲那里得到自己的第一台电脑。后来跟随大卫·纽曼学习编程
1996 年	12 岁开发 Zuknet 网络通信软件
2001 年	17 岁设计 Synapse 音乐播放器
2002 年 9 月	18 岁拒绝微软 95 万美元年薪，进入哈佛大学学习计算机和心理学专业
2004 年 2 月	20 岁与其他三位联合创始人在哈佛大学寝室中创立 Facebook
2004 年年底	Facebook 的注册人数突破一百万。扎克伯格从哈佛退学，全职营运网站
2010 年	26 岁被《福布斯》评选为世界上最年轻的亿万富翁，净资产 40 亿美元
2012 年 3 月	28 岁成为《福布斯》全球富豪榜身价 175 亿美元、富豪榜有史以来最年轻的白手起家百亿富豪，也是造富最快的创业者

爱德华和凯伦经过商议之后决定叫他马克，"马克"作为男性名，有着英俊、爱好运动、自由的寓意，当然这是一种美好的希望。

马克·扎克伯格的童年与其他人并没有什么明显的不同，除了一点，就是他很小的时候就喜欢各种各样的电器，不管是音响还是吸尘器，只要他感兴趣的，他就会埋头研究，直到把它们拆开搞清楚那些东西是怎么工作的，否则绝不罢手。

扎克伯格很喜欢到父亲的牙科诊所去玩，那里除了有一个装满各种饰品礼物的鱼缸之外，最吸引他的是诊所的 IBM 电脑。对于这样一个可以代替人类完成复杂计算和各种工作的机器，扎克伯格充满了好奇。

爱德华在马克出生那一年采购了一台 IBM XT 作为办公之用。工作之余，他也曾自学电脑编程方面的基本知识，毕竟这是一个电脑大行其道的时代，没有哪个人不喜欢研究一点电脑知识。当爱德华看到马克对电脑产生好奇的时候，决定对孩子的兴趣进行引导与培养。他找来一个更早的雅达利（Atari）800 接在家用电视上，教马克用 Basic 语言编写简单程序。扎克伯格像发现了新大陆一般，全身心地投入到电脑编程的学习之中。

经过一段时间的观察，爱德华发现马克是发自内心地喜欢电脑，绝不是一时兴趣那么简单，所以在马克 10 岁那年，爱德华给马克买了第一台个人电脑。

"这是我从出生到现在得到的最好的礼物！"扎克伯格一脸兴奋地接过了自己的礼物，然后把能找来的一切有关电脑基本知识和编程的读物找了个遍，从此开始了他的自学之路。除去吃饭、睡觉和上学之外，扎克伯格把所有剩余的时间和精力都花在电脑上面。

母亲凯伦看到马克每天闷在屋里，开始担心这个孩子会得自闭症。但是凯伦显然不是一个普通的母亲，她没有阻止马克痴迷于电脑的行为，而是通过心理学的知识帮他找到更好的解决办法，那就是让马克去认识更多的朋友。

在马克 11 岁那年，爱德华听从凯伦的建议，给他请了一个计算机家教。大卫·纽曼是一个软件开发员，他每周都会花一天时间教扎克伯格如何编程和设计软件。后来纽曼对扎克伯格的父母说："这孩子是一个神童，要想难倒他有时候可真不是件容易的事。"当然，扎克伯格和纽曼相谈甚欢，因为扎克伯格有很多想法，而纽曼知道把这些想法编成程序的办法。

除了纽曼之外，扎克伯格还在母亲的建议下认识了很多同龄的朋友。一开始扎克伯格觉得这是在浪费时间，不过后来他发现可以从这些朋友的聊天中得到很多游戏设计的灵感，他就不那么抵触交朋友这件事了。扎克伯格还认识了一些喜欢艺术的朋友，他们会经常聚在一起画画，扎克伯格参加他们的聚会，然后根据他们的绘画作品构思游戏的方案。

当扎克伯格的电脑学习已经超出大卫能够辅导的时候，爱德华觉得该给他一个正规的电脑教育了。虽然马克还很小，但是爱德华还是决定每周四带马克去附近的默西学院（美国一所著名的私立文科大学）上研究生计算机课程。扎克伯格还记得第一次去上课的情形，老师指着自己对父亲说："先生，你不能把孩子带到教室里来。"爱德华不得不解释马克才是真正的学生，授课的老师虽然一开始并不相信扎克伯格已经掌握足够的电脑知识，但是在后来的教学中，他不得不承认扎克伯格确实是一个电脑天才。

1992 年 SNSnet 的成立，标志着互联网商业化的开始。1995 年，互联网在美国快速发展。当时的默西学院研究生计算机课程以网络代码编写、建立数据库、服务器架设等方面的课程最为热门。扎克伯格在这里学到了他想要的知识，就是建立一个人们在电脑面前互相沟通的可能。这也是马克·扎克伯格注定与乔布斯、比尔·盖茨那一代人不同的地方，如果说乔布斯创造了最酷的硬件——苹果手机，比尔·盖茨创造了最棒的软件——Windows 系统，那么马克·扎克伯格则注定成为互联网网上冲浪时代的弄潮儿。

在默西学院学习后不久，扎克伯格发现一个可以让自己大展拳脚的机会。马克的父亲爱德华一直想改善接待员通报病人的方式，因为接待员往往拿起电话后只喊一句"来病人了"就算交差了事。于是，马克经过近一个月的认真研究，开发了一款软件，它可以让家里和办公室的电脑互通消息。只要有病人来，接待员可以通过办公室的电脑给爱德华在家中的电脑发送讯息，不仅仅是病人的名字，还有病人在接待处登记的简单病情信息。这款程序被扎克伯格命名为"Zucknet"，也就是"扎克家的网络"。除了工作用途之外，家里的孩子们还可以通过这个"Zucknet"实现网上聊天，虽然是通过键盘。"但是，这不是很酷吗？"马克对他的姐妹们解说 Zucknet 的时候一脸自信地说道。

现在的人们一定会觉得这不是很简单吗？当然不简单，但是在 1996 年，仅仅只有 12 岁的马克完全靠自己的钻研开发出了这个通信软件的初始版本，这不得不说是一件令人惊讶和佩服的事情。

天才并不都是书呆子

马克·扎克伯格的童年是快乐的，因为在父母的照顾下他可以无忧无虑地发挥天性，按照自己的兴趣去做自己想做的事情。但是当扎克伯格升入纽约北部的一家公立高中后，他发现自己并不喜欢那里的生活，不管是课程还是朋友都让他提不起兴趣来。虽然电脑依然是他的最爱，但是只有下课回家以后才能做自己喜欢的事情显然不能让扎克伯格满足。

1999 年，美国著名科幻小说作家奥森·斯科特·卡德出版了一本新书《安德的影子》。扎克伯格在更小的时候就读过《安德的游戏》，那是他最喜欢的一本书。故事讲述了一个电脑神童同时也是军事天才的美国男孩，在战斗学校接受训练，并最终消灭准备入侵人类的虫族舰队的故事。安德曾经是无数青少年儿时的偶像，扎克伯格也不例外。扎克伯格回想起安德从火蜥战队到野鼠战队，再到凤凰战队的成长历程，最终在《安德的影子》里，安德成为飞龙战队的指挥官时，突然觉得自己也许应该进入最好的学校实现自己的梦想，而不是继续待在自己不喜欢的地方浪费时间。

假期的时候，扎克伯格和父亲爱德华说了自己的想法。爱德华很高兴儿子有这样的想法，因为在孩子的成长过程中，他们从没有逼马克做任何他不喜欢的事情，也没有给他灌输将来要上哪所高中或者哪所大学的想法。既然这是马克要求的，爱德华决定尽一切力量支持自己的孩子。11 年级开学的时候，扎克伯格进入全美国最好的私立高中之一——菲利普斯埃克塞特学院读书。

菲利普斯埃克塞特学院位于波士顿以北 80 千米的新罕布什尔州，爱德华带着马克从多布斯费里出发，到这里大概花了 6 个小时。虽然这不是扎克伯格第一次离家这么远，但这是第一次独立生活的开始。

菲利普斯埃克塞特是一所寄宿式学校，每年全美 47 个州的许多优秀毕业生会选择到这里来就读，虽然这里的学费贵得惊人。从学校建立之初一直到 20 世纪 70 年代，菲利普斯埃克塞特学院一直被看作是哈佛的预备校。不过现在，菲利普斯埃克塞特的毕业生拥有了更多的选择，不管是耶鲁还是普林斯顿都会向他们抛来橄榄枝。扎克伯格从进入菲利普斯埃克塞特的时候便给自己定了一个目标，那就是一定要去哈佛，因为他的偶像比尔·盖茨曾经在哈佛读书，虽然盖茨并没有读完本科课程。作为一个电脑高手，比尔·盖茨是无数人想要超越的梦想，扎克伯格也不例外。

菲利普斯埃克塞特并没有让扎克伯格失望，这所学校一直推崇的"哈克尼斯圆桌教学法"（即师生圆桌交流的会议式教学方法）让扎克伯格对学习充满了兴趣。通常情况下，12 名左右的学生和 1 名教师围桌而坐，就某个课题进行深入讨论，在相互间的不断提问和回答中发现和理解课题。没有传统的教师讲授，教师只是参与和引导讨论。扎克伯格在这里如鱼得水,因为他喜欢这种随兴而自由的学习方式。曾经有人误解扎克伯格不爱交谈,其实他只是不喜欢无意义的闲聊。在这里,扎克伯格可以把自己的各种想法在课堂上自由地表达出来。"哈克尼斯圆桌教学法"在扎克伯格未来的公司里成为一种文化,虽然他和他的工程师们更喜欢通过电脑来实现这种讨论。

扎克伯格在菲利普斯埃克塞特是尖子生,凭着犹太人特有的聪明,在短短两年时间里他拿到数学、天文学、物理以及古典语言方面所有能得到的奖项。扎克伯格虽然学习优秀,但并不是书呆子,他在体育方面一样有着非常不错的成绩,比如扎克伯格剑术精湛,并且当过菲利普斯埃克塞特击剑队的队长。

扎克伯格为什么会学习击剑,这可能并不需要太多的理由,或许仅仅是因为他觉得击剑比较酷。在那个无拘无束的青春年纪,"酷"本身就是一个足够充分的理由。

当然我们如果看看扎克伯格在古典语言领域所喜欢的内容,或许能够找到一些更深层次的原因。扎克伯格非常喜欢维吉尔的《埃涅阿斯纪》,甚至可以用拉丁语背诵里面的大段章节。对古典文学,特别是对罗马帝国建立的史诗故事的痴迷,可能是扎克伯格学习击剑的另一内在动因吧。

击剑这项运动是由古代决斗发展而来的,在古巴比伦、波斯、罗马及希腊,击剑不但是一种消遣,更是一种格斗技巧和作战技能。中世纪,击剑是骑士的七种高尚运动之一。一个有着古典文化情结的少年选择击剑运动作为自己的爱好,可能再合适不过了。

　　不过击剑确实是一项非常有益的运动，扎克伯格在击剑中充分锻炼了自己的协调能力和反应能力。一个天天坐在电脑面前的电脑极客很可能会因为缺少锻炼而损害健康，扎克伯格的这个爱好帮助他做到了劳逸结合。当然，击剑还是一个需要动脑和掌握技术的运动，如何正确判断对手的意图，做好防守，并且看准时机，一击制胜，对扎克伯格来说这是击剑的最大乐趣。

　　后来，扎克伯格在 Facebook 公司里一直放着他自己的击剑装备。只要空闲下来，他就会摆好姿势，挥舞手中的剑，斩断那些烦恼，然后信心满满地面对新的挑战。

拒绝微软

扎克伯格在菲利普斯埃克塞特除了读书和击剑之外，电脑依然是他最痴迷的事情。

在学习之余，他最喜欢的事情是写游戏程序。因为对古典文学的爱好以及罗马帝国历史的偏爱，他根据经典卡片游戏《冒险》（*Risk*）改编了一个以罗马帝国为中心的游戏程序。马克·扎克伯格对他的朋友说："来吧，也许你想试试这个游戏。你要和恺撒大帝一决高下。他很厉害，我始终无法打败他。"那个游戏在他的朋友中很受欢迎，他们戏称扎克伯格为"恺撒"，因为他或多或少有那么一些想当皇帝的情结。

菲利普斯埃克塞特是一个优秀人才辈出的地方，所以扎克伯格在那儿并不孤单，他认识了一个好朋友亚当·德安杰洛——一个和扎克伯格一样的电脑神童。

两人每天都会花一些时间聚在一起，聊各种电脑和网络发展的最新知识，以及他们那创造性的大脑中随时蹦出的奇妙点子。那时候，技术类论坛和博客是他们平时关注最多的地方，黑客精神则是他们奉行的准则。

MP3 播放器在中学生中一直十分流行，但是那时的音乐资源并不是免费的。1999 年，Napster 推出在音乐界引起轩然大波的网络服务，从此真正改变了人们的生活，也让 MP3 播放器大行其道。Napster 本身并不提供 MP3 文件下载，它实际上提供的是整个网络的 MP3 文件"目录"。它具有强大的搜索功能，可以将在线用户的 MP3 音乐信息进行自动搜寻并分类整理，以备其他用户查询，只要知道你喜欢歌曲的名称或演唱者的名字，就可以和全世界乐迷共享丰盛的音乐大餐。最高峰时期，Napster 网络曾经有8000 万的注册用户。

扎克伯格和德安杰洛当然也是 Napster 的爱好者之一。当然，作为极客的他们更记住了两个人的名字，肖恩·范宁和肖恩·帕克。这两个 19 岁的少年创建 Napster 的时候，一个是波士顿东北大学的大一新生，一个还没有上大学，但是他们相信共享和免费将改变人类的生活。

扎克伯格和德安杰洛对 Napster 经过系统的研究之后，有了一个全新的想法。如果你想要在 Napster 上搜索音乐，那么你必须对音乐有充分的了解，知道音乐作品或者作者的名字才可能完成搜索。对于音乐发烧友来说，这很容易；但是对于一般的爱好者甚至门外汉来说，这就有些困难了。他们想开发一个软件，可以通过对用户的收听习惯进行分析，然后自动推介同类型的音乐。

说干就干。他们在一起研究了很长时间，然后进行编程，经过一次又一次的测试，终于搞出了一个令人兴奋的东西 Synapse 音乐播放器，一个音乐播放程序的升级版插件，一个可以根据用户的喜好自动推荐曲目的程序。扎克伯格和德安杰洛把这个程序挂在博客上，供人免费下载，他们把它叫作 Synapse。

当然，他们做这款程序的时候仅仅出于好玩，也不乏对偶像的致敬。这个程序在很短的时间内被许多电脑迷和音乐发烧友下载。通过网友的评价，扎克伯格和德安杰洛知道自己获得了成功。而他们的成功，在于他们关注听音乐的人，从人的感受出发去考虑问题，最终通过电脑让这个过程变得更加简单。在后来的一系列程序开发中，扎克伯格都紧守这一根本原则，就是"简单"。

不久，Synapse 的信息被贴到一个著名资讯科技网站上，而且最新一期的《电脑》杂志的五星评价把 Synapse 评为 3 颗星。不管他们事先有没有想到，扎克伯格和德安杰洛这次真的出名了。

美国在线（AOL）的负责人找到扎克伯格和德安杰洛，提出愿意收购这个软件版权，并且暗示他们可以进入美国在线继续完善这一软件并且让其商业化。扎克伯格和德安杰洛从来没有遇到过这种事，他们确实还没有想好，因为免费是他们的信念，在此之前他们从来没有想过把 Synapse 卖给哪一家公司。如果那样做，其他人不就没有办法免费下载了吗？所以，扎克伯格和德安杰洛礼貌地拒绝了美国在线的提议。对方显然没有想到这两个少年会选择拒绝，只好说希望他们能够继续考虑，然后留下了电话号码。后来，Napster 因为侵权被五大唱片公司起诉，Synapse 同样面临侵权的问题，美国在线再没有提起过收购的事。

不过除了美国在线之外，还有很多公司注意到了这两个天才少年，对于他们的拉拢，扎克伯格和德安杰洛依然表现得无动于衷。直到有一天，微软研究院的一位高管打来了电话。

微软是整个行业的顶端，软件开发几乎覆盖所有的领域。扎克伯格和德安杰洛并没有想到因为 Synapse 会受到微软的青睐，扎克伯格显然有些受宠若惊。微软提出一个显然更具诚意的条件，就是他们可以在高中毕业后进入微软研究院工作，成为微软的一名软件工程师，年薪大约 100 万美元左右。微软知道他们是电脑天才，所以微软将给他们提供必要的培训，让他们接触最先进的技术，拥有最好的电脑设备，以及完全自由创造的空间，这些是别的任何地方所不具备的。

光是微软研究院就足以让扎克伯格和德安杰洛心动不已，何况还有百万年薪。也许很多人在如此机遇面前都会马上答应，至少也会回去和父母商量一下，这样的机会当然不能错过。这是我们这些普通人再正常不过的想法。但是扎克伯格经过短暂的思考和判断之后，选择了拒绝。这可是近百万年薪的美差，选择拒绝，扎克伯格疯了吗？

是的，扎克伯格选择了拒绝。对扎克伯格来说，对这件事选择拒绝就像电脑程序计算一样简单。因为上完菲利普斯埃克塞特上哈佛是扎克伯格已经设定好的程序，Synapse 只是一个意外，所以 Synapse 引出的任何事情都不应该改变既定程序的执行。当然可能还有更重要的原因，扎克伯格在潜意识里想当"国王"，他想自己掌控自己的命运。他是崇拜比尔·盖茨，但是他并不想去给盖茨打工，偶像是用来超越的。话虽如此，但是一个人在十几岁的时候能够拒绝百万年薪的诱惑显然不是一件容易的事。

德安杰洛同样选择了拒绝，他的理想和扎克伯格虽然不同，但是他有自己极客的自尊，至少在那个时候他还想做一个驰骋于网络的"大侠"，而不是被微软收编。

　　微软高管也没有想到自己会被拒绝，也许这个时代已经变了，总有一天未来是属于扎克伯格他们的，微软不可能永远站在顶端。

第二章
校园 "CEO"

哈佛是天才少年们创业的乐土，那里有很多校园项目后来成长为美国的著名公司。

扎克伯格在宿舍里的突发奇想，改变了他的生活；而批评中产生的 Facebook 让扎克伯格成功地当上 CEO，从此他和他的合伙人们开始了创业之路。

哈佛生活

哈佛大学是美国最早的私立大学，也是美国历史上出总统、诺贝尔奖和普利策奖得主最多的地方。包括马克·扎克伯格的偶像比尔·盖茨，他也是在哈佛辍学之后才创立了微软的。

2002 年，扎克伯格终于如愿进入这所位于波士顿附近剑桥城中的高等学府。马克·扎克伯格在哈佛是一个小有名气的人，他在中学开发出 Synapse，并且拒绝微软近百万年薪的故事在坊间以各种版本流传。但是他并不是唯一的电脑天才，在哈佛还有很多像扎克伯格一样的天才在宿舍的某个角落开创他们伟大的发明。

刚刚升入哈佛的扎克伯格身材瘦削，个子不高，一头浓密的棕色卷发和长着雀斑略显苍白的面孔，让人觉得他是一个害羞的孩子。但是一旦你和他交谈，便会发现他的知识丰富，而且思想特立独行；如果你和他谈到电脑和网络，那么他一定会兴致勃勃地和你讨论，滔滔不绝地说出他的想法。

让人出乎意料的是，扎克伯格没有选择计算机系，而是选择主修心理学。不知是出于对母亲凯伦的敬爱，还是扎克伯格未卜先知般地知道自己有一天要办一个全世界最大的社交网站，总之他选择了心理学这个可以了解人类心理与人际关系的学科。

升入大学二年级后，哈佛学生会通过抽签的方式选择自己将来在哪一栋楼度过自己今后 3 年的生活，扎克伯格抽到的是柯克兰宿舍 H33 寝室。这是一个两个卧室的套间，和扎克伯格同屋的是克里斯·休斯，一个主修同志文学和历史的英俊小伙。另一间卧室里住着的是主修经济学的达斯汀·莫斯科维茨和业余戏剧演员比利·奥尔森。

对四个刚刚认识的大男孩来说，没有什么比共同的爱好更容易加深友谊，而互联网则成为他们聊天中永恒的主题。不过比起闲聊来说，在"采购周"选择一个学期要选修的课程，是一件让人烦恼的事。要知道，在几十门课程中选择那些有趣并且容易拿到学分的课程似乎并不是一件容易的事。即使有教授的点拨以及学长们的现身说法，也很难找到最佳的优选方案。

"为什么不做一个软件呢？"扎克伯格对自己说。如果可以在网络上知道每个人都选择了什么课程，那么自己选择的时候不就变得简单许多了吗？事实上，扎克伯格对于简单一直有一种执着。

对于这样一个网络程序的设计，扎克伯格可以说是驾轻就熟，一个星期之后，扎克伯格完成了自己的设计并将其放到校园网上，供其他学生免费使用。他把这个程序叫作 Course Match（课程搭配），只要用户在网页上点击一门课程，就能发现谁在报名选这门课；如果点击一个注册的学生姓名，就能看到他选择了哪些课程。

Course Match 在哈佛受到很多人的支持，许多学生使用这个软件作为他们选择课程的参考。

宿舍里的"突发奇想"

Course Match 上线大约 3 周后，一个周六的晚上，哈佛大学柯克兰宿舍 H33 寝室里，马克·扎克伯格穿着他常穿的代码猴子的卡通 T 恤、宽松牛仔裤和夹脚运动凉鞋准备出门。他的室友休斯和达斯汀·莫斯科维茨则在谈论昨天在艺术课上认识的金发美女。看到扎克伯格准备出门，休斯问道："马克你打算穿这身衣服去约会美女吗？是不是应该考虑换一身行头？"

休斯是扎克伯格设计的 Course Match 程序的忠实支持者，通过这个软件，在过去的几周里他已经成功地和 5 个美女同学在课堂上"巧遇"，并且赢得了一个金发美女的芳心。Course Match 被像休斯一样的人用来寻找校园美女的行踪，让扎克感到啼笑皆非。扎克伯格可不喜欢休斯每天打扮得油头粉面的样子，对他来说那简直是在浪费时间。

今天晚上是有个聚会，不过是犹太兄弟会的一次联谊，在那儿说不定会遇上一个漂亮的女孩，谁知道呢？不过可以肯定的是，扎克伯格可不打算为一个不知道是否存在的邂逅而改变他特立独行的性格。

这确实是一个不错的聚会，扎克伯格认识了许多犹太朋友，其中一个人的名字叫爱德华多·萨维林。萨维林今年大学三年级，他是学校投资俱乐部的办事员，而且曾经在对冲基金通过石油交易白手起家挣了30万美元。萨维林就像这个兄弟会的焦点，他风度翩翩，左右逢源。但是萨维林似乎对扎克伯格更感兴趣，他从《哈佛深红报》上读过关于扎克伯格的文章，那可是一个在高中时代就拒绝微软近百万年薪的人。

兄弟会结束时，扎克伯格和萨维林成了无话不谈的好朋友，萨维林决定带扎克伯格去见一个令无数男生痴迷的美女克莱拉。他已经碰过壁了，克莱拉对他的生意经不屑一顾。也许扎克伯格这个电脑天才能入克莱拉的法眼，那样自己至少可以沾点扎克伯格的光和克莱拉多相处一会儿。

在另一个更加热闹的聚会上，克莱拉像埃及艳后一样被那些翩翩少年所围绕着，她就是全场的焦点。她是那么明艳照人，就像天空中的月亮般，而使周围的星星都暗淡无光。

扎克伯格承认自己在那一刻像被电击中了一样无法自拔。他第一次这么想和一个女性近距离接触，哪怕只说上一句话。他开始有些羡慕休斯那样的口才了，如果他在这里，一定知道怎么和克莱拉聊天。

扎克伯格慢慢走到克莱拉的追随者身边，虽然还没有想好怎么介入话题。克莱拉用眼睛瞟了一眼扎克伯格，心想居然有人穿这样的服装来参加聚会，实在是太丢脸了。

这时，有人聊到 Course Match 软件，扎克伯格终于等到了机会，想也不想地就介入了话题，但他没有说明自己就是软件的作者。克莱拉听完后说道："我讨厌 Course Match，因为总有人想在课堂上靠近我。我想那些电脑极客们十有八九都是些宅在宿舍里从不出门的变态男，他们造出软件来干扰你的生活，然后像黑客般闯入你的电脑，盗取你的私密照片，然后放在校园论坛或者什么地方，满足他们偷窥的欲望。"

克莱拉那种对电脑极客的不满，其实是因为不久前刚刚有人入侵了她的电脑，曝光了一批她与好友在聚会上疯玩的私密照片。

扎克伯格本能地替电脑极客们据理力争，而忘了应该照顾一个美丽骄傲的女孩的小性子。他们越说越大声，这时一个人认出了扎克伯格。克莱拉像抓住了小偷一样尖叫起来，并说："原来你就是那个造出 Course Match 的恶棍，说不定我的照片被偷偷下载也是你做的。你这个小偷，你这个变态，你这个偷窥狂。"克莱拉口不择言。

她的话深深伤害了扎克伯格。扎克伯格丢下萨维林愤怒地离开，然后买了好多啤酒，在宿舍中尽情地宣泄他的情绪。

"她凭什么这么污蔑我？我要想些事情来把这件事忘掉。"扎克伯格在他的博客中写道，"我有点醉了。本来想从网上找出她的照片，但是却打开了柯克兰宿舍的 Facebook（花名册）。其中有些人的照片看起来相当恐怖，如果把其中一些人的图片放在农场动物的旁边，可能会很有趣吧？"

"或许我可以做出一个软件来实现它。"扎克伯格想着而且准备把这个低级趣味的想法告诉休斯，但是就在这时刚刚排练完的比利·奥尔森走了进来，所以扎克伯格把这个想法先告诉了奥尔森，因为他觉得奥尔森一定会支持自己。

"这似乎算不上一个好主意，为什么不让两个人相互比较呢？那样会有趣得多，而且不用担心没有人参与。"奥尔森随口说道。

"这的确是个不错的点子。"扎克伯格立马来了精神，在他那张 2 米多长的白板上开始构思起来。然后编写代码、搭建程序，当然这对扎克伯格来说并不算难事。等框架搭建起来之后的首要问题来了，就是比较的照片从哪来？

这也很简单，柯克兰宿舍的 Facebook 对扎克伯格这样的电脑高手来说，几乎是不设防的，只要一点小小的 wget "法术"，就可以从校园网的服务器上下载这些照片。不过别的宿舍楼可能没有这么简单，扎克伯格利用从别的朋友那儿要来的校园网登录账户，成功做了一次网络黑客，顺利地从 12 间宿舍楼中的 9 间下载了他所需要的全部数码照片，然后就是把这些照片放进它的数据库。

事实上，扎克伯格又一次在他的大白板和电脑面前一夜未眠，桌上堆满了空的红牛罐和啤酒瓶。整整 8 个小时之后，扎克伯格终于完成了他的工作，他从工作台上站起来，伸了伸懒腰。"见鬼，终于完成了。休斯，听我说，这个网站一定会让你发疯的。你要去试试吗？"扎克伯格一脸兴奋，"对了，有什么能吃的东西吗？我都饿死了。"

休斯拿出早已放凉的汉堡："只有这个了，4 个小时前我以为你会问我的。"

"随便什么，你们赶快去试试我设计的网站 Facemash。"扎克拿过汉堡吃了起来，"Facemash"是他刚刚想到的名字。

"这个网站的主要功能就是让我和莫斯科维茨的照片 PK 吗？我看不出他有什么新鲜之处。"休斯抱怨着，不过不一会儿他就发现了其中的乐趣，因为这个 PK 是一个无限循环，你不知道谁会是下一个更有魅力的人。

经过试验之后，扎克伯格决定将 Facemash 上线，他在 Facemash 主页上写下这样的问答："我们会因为自己的长相而被哈佛录取吗？不会。""别人会评价我们的相貌吗？是的。"然后他把 Facemash 的链接发给了少数相识的朋友。

当天晚上 10 点，扎克伯格开完学科讨论会回来，发现自己用作 Facemash 的服务器的笔记本在网络拥堵的情况下竟然死机了。重新启动之后，扎克伯格发现在过去短短几个小时里，这个网站像病毒一样迅速传播，差不多有 450 人对 2.2 万多张照片进行了 PK。"天哪，大家一定是疯了！"扎克伯格喊道。他决定盯着服务器，看看未来的几个小时是不是还能刷新更多的登录记录，不过他没有如愿以偿，哈佛的计算机服务部门果断地关闭了他的网站。

在批评中产生

随后出现的事情是扎克伯格从来没有想到的。第二天一早，先是拉丁美洲女子问题组织和哈佛黑人女子协会的成员在柯克兰宿舍的门前拉起抗议的横幅，他们认为扎克伯格不尊重女性。校内纪律惩戒委员会则因为扎克伯格的黑客行为给了他一个留校察看的处分。紧接着，《哈佛深红报》发表文章斥责扎克伯格的行为是"迎合哈佛学生最低俗的风气"。

这一系列的打击来得太快，不过扎克伯格并没有觉得事态有多么严重，当晚他还在宿舍里开了一个小的庆祝会，庆祝自己没有受到较重的惩罚。对于女性团体的抗议，扎克伯格则选择了公开道歉，称自己只想将这个网站作为一个计算机课题，而没有歧视任何人的意思。后来，他通过参与创建哈佛黑人女子协会网站而与这个团体冰释前嫌了。

Facemash 事件让扎克伯格真正成了哈佛校园家喻户晓的名人。因为这个原因，扎克伯格受邀去帮助文克莱沃斯兄弟编写一个交际网站的程序，同时在那个学期他还做了许多有趣的编程工作，比如为完成"奥古斯都时代的艺术"考试而设计一个评论网站，和为了向计算机教授致敬的"哈瑞·刘易斯的人际六度空间"等。

但是扎克伯格知道，那些并不是自己真正想要的，早在大一的暑假他就有一个宏伟蓝图的构想，只是一切还不到时机，之前所做的所有网站不过都是在为这个宏伟蓝图积累罢了。

社交网站在那个时候大行其道，不管是 Friendster 还是 Myspace 都曾经风靡校园。在哈佛，高年级的亚伦·格林斯潘建立了一个名为 houseSYSTEM 的网站。

扎克伯格知道他要做一个与他们与众不同的东西，要酷，要简单，要是哈佛的，这是他那时候最简单的想法。

真正给予扎克伯格灵感和启发的不是别的，而是《哈佛深红报》批评他的文章里的一句话，"只有在网站对自愿上传个人相片的学生进行限制时，许多围绕着 Facemash 出现的麻烦才能消失于无形"。

扎克伯格一方面从同学们参与 Facemash 的热情中看到人们对网络社交的需求，很多人花大量的时间在网络上找与自己兴趣爱好相同的人一起聊天打发时间；另一方面他也认识到如果网站上的每个人信息都是真实可靠的，以此作为对内容的限制，这样就可以避免 Facemash 带来侵犯他人权利的困扰。这样的想法逐步形成 Facebook 的核心理念。但是叫什么名字呢？扎克伯格选择了一个偷懒的想法，就叫"The Facebook"。那时哈佛迟迟没有做出来的全校学生的电子相册，扎克伯格决定自己来实现。

2004 年 1 月，扎克伯格在网上向域名公司支付了 35 美元，注册了名为 "The facebook.com" 网站一年的域名使用权，同时吸取上次用笔记本做服务器的教训，每月花 85 美元从一家信息储存公司租用专门的服务器。

由于需要投资的原因，这不再是一次心血来潮的尝试。这一次扎克伯格没有孤军奋战，他找到了一个合伙人——爱德华多·萨维林，一个在犹太兄弟会聚会上认识的朋友。萨维林是一个巴西商业大亨的儿子，哈佛投资俱乐部的办事员，是扎克伯格的朋友中唯一懂得商业知识的人。他们两人分别为 Facebook 的初期运行投入了 1000 美元作为 Facebook 项目的启动资金，为此，萨维林可以拥有这个项目 1/3 的股份。

2004 年 2 月 4 日下午，Facebook 正式启动。扎克伯格在它的主页上写着：

Facebook 是一个通过大学社交网络把人们连接起来的在线目录。

我们开办了 Facebook，想为你的哈佛生涯增添色彩。

你可以通过 Facebook 做以下的事情：

搜寻自己学院的同学；

找到自己同班级的同学；

查找自己的友人；

勾画出自己的社交圈子。

Facebook 原指哈佛大学每间本科生宿舍都保留着的花名册，上面都是新生入学时拍摄的标准照，通常这些照片容易把人拍得难看。扎克伯格借用 Facebook 这个名字，其中不无戏谑之意。当然，在网站上注册的人则不需要这么难看。扎克伯格允许每个人上传自己最为满意的照片，这样能让自己看起来更帅气或者更迷人一些。

照片只是一部分，每个登录 Facebook 的人要填写个人简介，比如，单身或者未确定伴侣关系；电话号码；邮箱；选修的课程；喜欢的书、电影和音乐；参加的团体；政治立场；最爱的名言，等等。

每个人登录 Facebook 只需要一个 Harvard.edu 的邮箱，登录后就可以邀请其他人成为朋友，用户会看到自己的关系图表，页面上还会显示出与自己有关系的所有人。不过除了浏览别人的简介、"捅一下"其他用户之外，似乎什么也不能做。人人都知道"捅一下"究竟意味着什么，但是他们依然乐此不疲，不断添加自己的好友，不断浏览他人的简历。短短 4 天时间，Facebook 就有了 650 名注册用户。3 周以后，Facebook 拥有了 6000 名注册用户，相当于哈佛在校本科生的 3/4。这时候的 Facebook 即使什么也不做，加入 Facebook 的激情也足以引爆整个哈佛校园。

实际上，这个过程并不是扎克伯格单独完成的，在网站推出一周后他就发现人手严重不足。扎克伯格与达斯汀·莫斯科维茨签订了雇佣合同，并将 5% 的股份赠予他，把自己和萨维林的股份分别降至 65% 和 30%。从此，萨维林自学编程帮助扎克伯格做网站的维护和开发工作。休斯则答应做 Facebook 的新闻发言人，帮助 Facebook 推广，而他也将根据工作的具体情况，在将来获得一部分 Facebook 的股份。

Facebook 的最初创业团队就这样在柯克兰宿舍 H33 寝室里诞生了。扎克伯格在描绘 Facebook 的理想时曾经说道："我们的项目仅仅开通了一条帮助哈佛人分享更多信息的道路，这样一来，大家就能更多地了解到校园里发生了什么。我想做到这一点，所

以建立了能得到所有人信息的渠道，而且每个人也都能与人分享
自己希望共享的一切信息。"

走出哈佛

Facebook 在哈佛的成功，充分鼓舞了萨维林、莫斯科维茨和休斯的信心，而扎克伯格已经在酝酿让 Facebook 走出哈佛了。

其实，扎克伯格在 Facebook 的主页上就已经暗示了这点，即"Facebook 是一个通过大学社交网络把人们连接起来的在线目录"。他从来没有想过 Facebook 仅仅在哈佛运行，他的目标是大学，至少在当时来看是所有的常春藤盟校。

Facebook 在 2 月 25 日向哥伦比亚大学开放，2 月 26 日向斯坦福开放，2 月 29 日向耶鲁开放。进展的速度之快，超过了莫斯科维茨的预期，虽然他还没有因此手忙脚乱，但是也足够他忙的了，常常通宵工作。这时的他已经是新学校注册系统的主要程序编写员，想想在一开始的时候，他甚至还不知道用什么语言去做网络编程，莫斯科维茨的成长可谓飞快。

而扎克伯格则花更多的时间停留在他的白板面前，盯着每个学校的用户增长曲线，构思下一个阶段需要开拓的新学校。他的样子很像一个站在军事地图面前的将军，看着自己的部队攻城略地，很有些"运筹帷幄之中，决胜千里之外"的架势。

这是 Facebook 向外推广的第一步，扎克伯格他们 4 人每天都会在一起关注截止到当天的最新注册情况。在这三所学校中，斯坦福的反响最为强烈。Facebook 蹿红的速度堪比火箭，不到一周时间，就有 2981 人注册。

而在哥伦比亚大学和耶鲁大学，效果则并不理想，主要因为这两个学校都已经有自己成熟的社交网络。哥伦比亚大学商务网站 "UC" 拥有 1900 名活跃用户，而耶鲁大学 Yale station（一个在线约会网站）则有 2/3 的耶鲁在校生注册。

竞争对手虽然未必强大，但是攻坚需要相当的时间。扎克伯格果断地调整目标，先占领所有的常春藤名校，等 Facebook 的影响足够大的时候，自然会反过来影响这两所学校。

3 月 7 日，达特茅斯学院和康奈尔大学同时开通 Facebook 注册，而宾夕法尼亚大学、普林斯顿大学和布朗大学则紧随其后。到 3 月中旬的时候，Facebook 的注册用户超过 2 万人，到 3 月底共有 3 万人注册。

Facebook 在很多学校的快速扩张，实际上得到了这些学校的学生会和校报的大力支持，而这些很多靠的是扎克伯格高中同学的熟人关系而逐步实现的。这是一个精英社交群体的能量，而这也让扎克伯格更加坚定通过 Facebook 建立起一个更大社交网络的信心。

运行一个 3 万人同时在线的网站，再加上后续学校的开发，扎克伯格和莫斯科维茨显然有些忙不过来。这时候，扎克伯格的好友，曾和他一起开发 Synapse 的德安杰洛加入这个伟大的计划，虽然他那时还在遥远的加州理工大学，但是这并不妨碍莫斯科维茨向他学习网站编程的知识。莫斯科维茨的好学和认真是扎克伯格一直称道的地方。如果没有这个伙伴的支持，扎克伯格的 Facebook 走出哈佛的计划将难以维持。

萨维林作为公司唯一懂得商业运营的人，在扎克伯格他们忙着编程的时候，开始进行在 Facebook 上刊登广告的尝试，虽然那只是一些小额的合同，像搬迁服务、T 恤广告之类，但是不能否认这是一个好的开始。

Facebook 的创始团队，人人都在为他们共同的项目努力，保持着充分的工作热情。

当然，这个时候的 Facebook 还有许多问题需要解决。比如，当时 Facebook 已经在 10 所以上的大学开通，但是 Facebook 的默认设置是只有本校学生能够看到自己学校同学的 Facebook 简介，换句话说，一个哈佛男生是不能看到他在耶鲁的女友的 Facebook 简介的。如果想要将所有人连接起来，就需要建立校际链接，但是这并不仅仅是一个技术问题。经过充分的研究，扎克伯格决定将这个链接建立在双方当事人共同协议的基础上，即哈佛的注册用户可以决定自己的简介是否被哈佛之外的高校看到，同时可以选择他想看到别人简介的范围。这就避免了可能因此产生的隐私权限问题。

当然这还不是最大的问题，最大的问题在于服务器负荷过重，由于 Facebook 经常有数千人同时在线，服务器很可能出现宕机问题。曾经风靡一时的 Friendster 就是因为服务器跟不上，用户登录太慢而最终被用户抛弃的。扎克伯格可不想重蹈 Friendster 的覆辙。

其实在此之前，扎克伯格和萨维林就已经各自向公司注资 1

万美元，把租用服务器的数量增加到 5 个，为此他们需要每月向托管公司支付 450 美元。他们需要更加科学的方法计算处理速度需要多快才合适，而服务器需要建立在什么水平上才适合需求。扎克伯格的想法是服务器的支持能力一定要超过现有客户总量的两倍才行，因为每天都会有新的用户加入，这个数字是随时变动的。为此，扎克伯格和莫斯科维茨必须抵挡住新学校加入的诱惑，除非他们完全准备好了。

即使这样，截至 5 月底的时候，网站已经面向 34 所学校开放，拥有 10 多万用户。

这个时候，Facebook 已经不能仅仅满足于它手工作坊式的组织方式了，萨维林在佛罗里达州（他的中学所在地）注册了一家有限责任公司，公司注册的合伙人有扎克伯格、萨维林和莫斯科维茨。在他们三人的分工上，萨维林填的是：CEO（首席执行官）扎克伯格、CFO（首席财务官）萨维林、CTO（首席技术官）莫斯科维茨。

硅谷创业

"硅谷"并不是一个地理名词，指的是美国加州北部旧金山湾以南的一部分，因为当地的企业多数与由高纯度硅制造的半导体及电脑相关，1971年《每周商业报》称这里为"硅谷"，之后这个名字广为流传。如今，硅谷拥有1万家以上的电子工业和高科技公司，英特尔、苹果、谷歌一个个高科技创业神话在这里诞生。

当然这时候的硅谷和Facebook还没有发生直接的联系，不过也许不能这么说，至少Facebook已经在加州的斯坦福大学落地生根了。

肖恩·帕克，这个曾经开创Napster和Plaxo的电脑奇才正面临着被扫地出门的危机，一个偶然的机会，他在他室友的女朋友（斯坦福学生）的电脑上第一次看到了Facebook。帕克觉得这是一件了不起的事，所以他给扎克伯格写了一封邮件，希望他们能见上一面。

扎克伯格在中学时就已经知道了肖恩·帕克，所以他爽快地答应了。之后他们在纽约有了一次愉快的交谈，虽然没有谈到什么实质的内容，但是，扎克伯格无疑被帕克的风度吸引了。

假期将至，Facebook 无论如何不能在这个时候拓展更多的新用户，扎克伯格想让自己放松一下，同时思考下一步 Facebook 的方向。扎克伯格在网上租下加州帕洛阿托市（属于圣克拉拉县，硅谷中心）的一个拥有四间卧室的平房，然后极力劝说莫斯科维茨和他同去。

扎克伯格有很多理由，比如好友安德鲁·麦克科伦暑期会去 EA（美国艺电公司，开发了《模拟人生》等游戏的电玩巨头）实习。事实上，扎克伯格在 Facebook 之外一直和麦克科伦在开发一个新的软件 Wirehog，他准备在未来把 Wirehog 植入到 Facebook 平台上。当然，他的好友德安杰洛从加州理工大学去帕洛阿托也会比较方便。不过还有一个最重要的原因，就是"帕洛阿托是一个圣地，所有的应运科技都发源于那里"，就像一个虔诚的犹太教徒前往圣城耶路撒冷，这是他们一生必须要去一次的地方。

当然，扎克伯格还邀请了萨维林和休斯，但是萨维林要去纽约做金融公司的实习生，同时要为 Facebook 在纽约拉广告业务；休斯则加入了法国的一个暑期项目。

暑假的时候，扎克伯格、莫斯科维茨和麦克科伦一起上路，为了保证在此期间 Facebook 不会瘫痪，他还从哈佛雇了两个大一新生作为实习生。

在帕洛阿托安顿下来之后，他们决定出去找些吃的，这些大男孩对这个陌生而充满神秘的城市充满了好奇。当他们漫无目的地闲逛的时候，扎克伯格在街角看到一个熟悉的背影。他有些不敢相信，但是这是事实——扎克伯格在帕洛阿托自己租的房子不远的地方碰到了肖恩·帕克。

其实帕克最近很不顺利,他被 Plaxo 扫地出门,失去了自己的股票,甚至笔记本电脑和邮箱地址也不能继续使用,他现在一无所有,除了一辆曾在有钱时购买的宝马。帕克到帕洛阿托不是因为什么光彩的缘由,他没有地方住了,而这里有一个曾经的女朋友肯收留他。

扎克伯格他们五个人和帕克一起吃了一顿丰盛的晚餐,和上次在纽约不同,这次是扎克伯格付的钱。晚上分手的时候,扎克伯格对帕克说:"也许你会想来我们新租的房子看看。"帕克毫不犹豫地答应了,然后和扎克伯格他们住在一起再没有离开过。

和扎克伯格他们这些学校的毛头小子不同,帕克没有读过大学,但他有两次成功创业的经历。对于怎么创办一个互联网公司,帕克显然比扎克伯格更在行。帕克不打算白白住在扎克伯格租的屋子里无所事事,他决定帮助 Facebook 融资。因为谁都知道随着网站用户的增加,新增服务器的费用是无法回避的问题。

但是这时候有一个问题,就是萨维林在佛罗里达州注册的公司还缺少很多必要的法律文件,而这无疑将成为公司的障碍。萨维林对帕克怀有很深的戒心,他想通过自己主导融资而不是通过帕克。

在扎克伯格的授权下,帕克筹备在特拉华州注册新公司事宜,并且开始寻求可能的投资。扎克伯格和莫斯科维茨则考虑 9 月开学的时候增加多少学校,如何安排顺序,需要增加多少服务器,等等。

扎克伯格和莫斯科维茨经过 5 分钟的考虑,决定开学的时候不回哈佛。倒不是因为比尔·盖茨曾经说过,"如果创业失败了还可以回到哈佛读书",而是他们根本没有足够的精力去坚固飞速发展的网站和学习。萨维林选择继续留在哈佛读完四年级,在他看来,Facebook 只是一个商业项目,他从未想过要因为这个而影响或改变自己的轨迹。

后来因为对融资不满,以及扎克伯格对自己开展广告业务工作的视而不见,萨维林做了一个冲动的决定,就是冻结公司的账号,以致扎克伯格不得不用自己的私房钱和家里要的钱来支付服务器的费用。萨维林则像孩子赌气似的以为扎克伯格会因此妥协,天真地等着他的合伙人请他回去。

但是扎克伯格没有,他和帕克注册了新的公司,重新拟定了股权结构,扎克伯格是 CEO 占 51%,萨维林 34.4%,莫斯科维茨6.81%,帕克 6.47%。但是由于萨维林的"背叛"行为——至少扎克伯格把这视作背叛,他的股份不会像扎克伯格他们的一样保持股份的比例,而是会随着每一轮融资的进入而逐渐被稀释。

萨维林在那时候显然并不了解这些,他放弃了等待,也放弃了为 Facebook 继续服务,虽然他还没有正式离开 Facebook。

这个时候,帕克帮助 Facebook 完成了一件大事,帮助扎克伯格渡过了经济难关。事情是这样的,天使投资人雷德·霍夫曼是帕克的老朋友,帕克把扎克伯格想融资的想法告诉他的时候,他觉得这是一个不容错过的机会。但是因为自己是另一家社交网站LinkedIn 的创始人,所以他建议自己的好朋友彼得·泰尔来领导这一轮投资。扎克伯格和帕克拜访了泰尔,最终泰尔决定投资 50万美元购买 Facebook 公司 10% 的股份。除了泰尔之外,霍夫曼和他的朋友马克·平卡斯也做了小额的投资。

正是这轮天使投资使 Facebook 的估值达到了 500 万美元，虽然那时候公司才成立几个月，只有五个全职员工，没有一分钱利润。

Facebook 在第一轮融资之后才真正开始了它的扩张式发展，投资的大部分都被用来购买新的服务器，因为扎克伯格和莫斯科维茨知道，还有更多的学校在等着他们进入。

当 Facebook 进入更多的常春藤以外的大学的时候，它已经不由自主地放弃了原有的精英群体意识。毕竟作为一个社交网站来说，拥有更多的人气是最关键的。全美有 1100 万大学生，Facebook 要全部占领这一人群还需要一定的时间。

不过，这时的 Facebook 已经是一家真正的硅谷公司，而不再是几个哈佛青年的校园业余兴趣之作。离开哈佛，还有更广阔的天地在等着他们。

第三章
成长三重门

从 Facebook 的个人简介和
"捅"一下，到留言墙与群组功
能，再到图片功能上线、新闻
动态产生，直到把 Facebook 打
造成平台，在上面加入各种应
用，每一次改变都让 Facebook
充满让人欲罢不能的吸引力。

重塑网络主宰

2004 年的暑期，虽然扎克伯格和莫斯科维茨没有允许新学校加入，但是在原有的 34 个校区，学生注册人数就已经从 10 万增加到 20 万。

在暑假，全国的很多大学生和学生机构一直发邮件请求扎克伯格把他们的学校加入 Facebook。因为有 Friendster 因为服务器超载而失去用户的前车之鉴，扎克伯格在新增用户方面一直非常小心。这些请求加入的信件，启发了扎克伯格的灵感，就是没有加入 Facebook 的大学可以开通排队机制，当一个学校排队等候的学生超过 20% 时候，再让 Facebook 进入大学，那么只要 Facebook 一开通，就会有大量的新用户注册。

事实证明，扎克伯格的想法是正确的。就在 9 月当月，Facebook 的注册用户增加到 50 万。

扎克伯格和莫斯科维茨虽然忙得不可开交，但是他们还是对用户为什么这么喜欢 Facebook 保持了充分的好奇。

有大量用户在 Facebook 上浏览自己学校和其他学校学生的简历，当然不仅仅是学生，哈佛校长曾在欢迎新生的致辞中说，他从 Facebook 上了解了他们中的大部分人。虽然学生们对同龄人之外的人看到自己的简介有些担忧，但是这丝毫不妨碍他们不停地更换 Facebook 上的头像（那时候 Facebook 每人只能上传一张照片）和修改自己简历的热情。

添加好友是在校大学生乐此不疲的事情，如果你有 100 个好友，但是其他人却有 300 个甚至更多，你又怎么会停下寻找新好友的脚步呢？而且 Facebook 正在向更多的人开放，这就给了每个人无限的交际空间。

这个时候，Facebook 唯一真正具有互动效果的功能就是"捅"（Poke）一下，这个看似无意义的举动在大学生之间颇为流行。对这些青春期荷尔蒙分泌过盛的年轻人来说，"捅"一下多少有些暧昧的想象。

如果你在排队时认识了一个年轻的女孩，你回去之后就可以在 Facebook 上加她为好友。如果她也加你了，那么恭喜你有深入交往的可能，当然能否发展成为一段持久的恋情，还要看个人的努力。

9 月的时候，扎克伯格和莫斯科维茨还有帕克组成了一个"冥想团队"，面对飞速增长的用户，是时候开发新的功能了。经过一个月的努力，他们推出了两个新的功能——"墙"和"群组"。

"墙"相当于个人的公告板，除了简介之外，你可以在上面发布你想发布的任何内容，一开始只是文本，后来可以加载附件。而且这个墙是互动的，你的好友可以通过墙给你留言。当然这是公开的信息，所有好友只要能进入你的页面都能够看到。如果你想给好友发一个私密的留言，那么还是通过信息功能吧。这个功能的开发充分考虑了用户的心理，当你认真地看完一个人的简历的时候，说不定想发表些评论，总之你需要一个窗口来发表意见，形成互动。

"群组"功能在 Facebook 初期是具有一定的颠覆意义的。因为一开始的时候，你只能注册开通自己的页面，上传自己的照片和简介，现在你可以建一个"群"，这个群里有自己的简介，所有感兴趣的人都可以加入这个群。随便什么你能想到的内容，都可以为此成立一个群，比如"我爱扎克伯格"或者"我不爱扎克伯格"，只要话题具有一定的普遍性，都会有人加入。

事实上，群组功能的实现必须以"墙"为基础，因为"墙"可以让群组中的人互相交流。"群组"一出现的时候，校园内的政治团体就发现了它的积极作用，通过群组联系有共同政治立场的人，加深联系，讨论话题，发表评论，甚至举行集会。通过 Facebook，使原来的校园政治活动变得越来越简单。

当然，广告商也开始盯住"群组"这个新生事物，比如"维多利亚的秘密"群组有着大量粉丝，而"我爱苹果"群组不仅得到大量的广告赞助，而且苹果承诺只要该群每新增一个用户，苹果就会为此每月支付 1 美元，每月最低的赞助费用不低于 5 万美元。

Facebook 因为新功能上线，原有用户开始花更多时间在 Facebook 上，而新的学校也在不断加入。扎克伯格和莫斯科维茨已经认识到用户数量才是王道，新学校的加入不再局限于常春藤名校和其他一流大学的范围，开始向全美所有的大学逐步开放。那些学校唯一需要做的就是排队，因为有太多的学校等待加人了。

服务器已经不是问题，因为有了彼得·泰尔的 50 万美元的投资，他们可以租用更多的服务器，从而保证 Facebook 网络的畅通。由于帕克之前与房东签下的是暑期短租的协议，所以房子到期后，房东看到被搞得一片狼藉的宿舍，拒绝继续租房子给他们。

他们在洛斯阿多斯山以南几英里的地方重新租了一个办公室，这里与州际公路毗邻，所以这些年轻人再吵闹也不会有邻居投诉了。

10 月底，Facebook 的用户又创新高，扎克伯格和他的朋友们举办了一场狂欢庆祝聚会。但是 11 月份的时候，他们发现Facebook 的主要竞争对手 Myspace 则走得更远，注册用户 500万，是他们的整整 10 倍。

对此，扎克伯格似乎并不感到担心，因为他知道他做的是与Myspace 完全不同的东西。Myspace 采用虚拟身份，而 Facebook所有用户的资料都是真实的，它是一个社交网络，更是一个真实的世界。扎克伯格相信，一开始 Myspace 可能比 Facebook 跑得快，就像一个短跑运动员，但是 Facebook 一定可以跑得更远，这在一开始的时候就已注定。

到了 2004 年年底，Facebook 在线用户已经突破 100 万人。投资人泰尔在他开的"战栗"餐厅举行了盛大的庆功会。休斯和萨维林从哈佛赶来，还有在加州理工大学读书的德安杰洛。

这也是扎克伯格和他的几个创始人朋友们最后一次全体的聚会。在这次聚会之后，萨维林因为股权被稀释离开了 Facebook。

但是至少这一刻，他们四个在一起狂欢，为伟大的友谊干杯，也为 Facebook 这个他们一起打造的网站干杯。

年轻真好，对他们来说，Facebook 的发展才刚刚开始，而明天一定会更好！

吸引力

2005 年年初，Facebook 继续着它的大学扩张之路，这时候有两件事影响了 Facebook：好消息是《洛杉矶时报》刊登了 Facebook 的重要报道，Facebook 被大学之外的主流媒体关注；坏消息——不，没有坏消息，另一个好消息是更多投资人开始主动找上门了。

在众多的投资人中，华盛顿邮报集团无疑是最具实力的，准备投资 6000 万美元估值，注资 600 万美元购买 Facebook 公司 10% 的股份。就在交易成交前，阿克塞尔合伙公司（Accel Partners）横插一脚，最终以 1 亿美元估值，注资 1270 万美元从华盛顿邮报集团手里抢得了这块蛋糕。

阿克塞尔合伙公司创始人吉姆·布雷耶成为 Facebook 的董事。

之后，Facebook 继续它惊人的发展速度。5 月的时候，Facebook 已经进入全美 800 所大学，注册用户超过 300 万。

当然还有许多事情在这期间发生，比如马特·科勒的加入，他曾是雷德·霍夫曼的助手，现在他是扎克伯格的首席幕僚了。而联合创始人之一的爱德华多·萨维林因为股份被稀释，彻底与扎克伯格决裂，离开了 Facebook。

8 月，一件看似很小却又影响深远的事情值得一提。帕克花 20 万美元从一家公司手里买下"Facebook.com"的域名，成功地去掉了以前名称"the Facebook.com"中的"the"。

关于 Facebook 的三重门，实际上是 Facebook 发展中三个重要的历史时期，也是成功与失败以及 Facebook 能否走得更远的分水岭。

Facebook 发展起来之后，面临的第一重门就是能否走出大学网络的限制，而向更广的群体去推广。其实，扎克伯格很早之前就已经考虑把高中加入 Facebook 中来，只是那时候时机还不成熟。而现在不同，美国一半以上的大学都已经加入了 Facebook，注册用户马上就要突破 500 万。如果不向高中开放，那么过不了多久 Facebook 就会面临增长的瓶颈，到时候再想改只怕为时已晚。

扎克伯格和帕克以及莫斯科维茨都觉得开放高中网络是一件好事，但是年长的人则有些担忧，比如马特·科勒对此持保留意见，而泰尔和布雷耶这两个股东更是极力反对。他们担心 Facebook 向高中生开放，会失去它本身的特点。到时候如果高中没有新增多少，反倒失去了原有大学生的支持，那么 Facebook 将彻底退出社交网络的领域。

但是他们显然忽略了一个问题，就是现在的高中生终会成为大学生，而现在的大学生用户有一天会毕业离开大学。事物是发展的，这就是最简单的逻辑，如果 Facebook 能够在大学里成功，就一定能在高中里成功，扎克伯格坚信这一点。但是泰尔和布雷耶据理力争，认为在拥有 1000 万大学生注册用户之前，这种改变是不理智的，至少现在高中生还没有做好加入 Facebook 的准备。

作为妥协，扎克伯格同意先做一个高中版 Facebook。这是一个和现有的 Facebook 并行的网络，高中生不能看到大学生的空间，而大学生也不能进入高中生的区域。开放高中网络，技术上并没有太大的问题，关键是如何注册，因为高中并不像大学一样为每个人发放电子邮箱地址。他们的折中方案是让现有的注册用户邀请高中生加入，并对他们注册信息的真实性进行担保。换句话说，高中生必须有 Facebook 的注册用户作为好友验证信息才可能加入。

2005 年 9 月开始注册，效果差强人意。高中版 Facebook 的用户新增速度比起原有网络就像龟兔赛跑，一个是一天不到 1000 人，一个是每天至少新增 2 万用户。

但是扎克伯格并不着急，显得胸有成竹，毕竟要给他们一些时间去了解和适应。

莫斯科维茨则一直盯着注册用户增长的情况，试图从中找出更多可循的规律。Facebook 的快速增长，很大一个原因是原有的用户基数，差不多一半的大学生都是 Facebook 的注册用户，那么剩下的人中不可避免地与其中一个或几个人是朋友，除非你与世隔绝，否则一定会收到好友的邀请信息。而当时的高中版 Facebook 则不是，由于两个网络不连通，所以大学生们缺少邀请的激情，而高中生缺少了解和加入的动力。

莫斯科维茨建议扎克伯格迅速把两个网络连接起来，扎克伯格欣然应允，因为两张并行的网原本就不是他的想法。2006年2月，两张网络合并在一起，没有了"大学"和"高中"之分。

在这关键的历史时刻，扎克伯格、莫斯科维茨、帕克以及科勒和布雷耶等人都在电脑面前等着用户的反应。首先出现的是反对的声音，一个名叫"你还只是高中的小屁孩，竟敢加我好友"的群出现了。但是这似乎只是茫茫信息大海中的一个微弱得可以忽略不计的声音，而更多的大学生则对他们能加更多人为好友而感到高兴。越来越多的高中生加入，加大学生为好友，了解他们的简介。这时候，高中生的加入速度迅速加快。仅仅两个月的时间，高中生在Facebook上注册的人数就突破了100万。

事实证明，扎克伯格的判断是正确的，后来新加入的人根本不记得曾经有过高中版Facebook和大学版Facebook的区别，对他们来说，Facebook是一个共享的社交网络，Facebook原该如此。

无透明不分享

　　Facebook 发展历史上的第二重门是什么呢？你可能想象不到。具有划时代意义的图片功能的上线，最终成就了 Facebook，它使 Facebook 与其他社交网络最大限度地区分开来。

　　Facebook 准备推出图片功能，是在 Wirehog 这个点对点分享图片、文档、音频、视频文件的软件上线失败之后，帕克在那时对扎克伯格说，也许是时候推出 Facebook 的图片功能了。但是 8 月底的时候，帕克被卷入涉嫌持有可卡因的恶性事件，后来在投资人布雷耶的坚持下，为了不影响 Facebook 的发展，帕克黯然离职。所以，帕克并没有等到 Facebook 的图片功能上线就离开了。

　　除了帕克的离开，还有一件事情也占用了扎克伯格很多精力。就是 Facebook 在用户不断增多的同时，员工也越来越多，原来设在爱默生大街中国餐馆楼上的办公室已经容不下这么多员工。Facebook 的总部再一次搬家，这次搬到了离斯坦福大学不远的地方，而谷歌的第一个总部就在街对面。

　　等扎克伯格腾出精力之后，差不多是 2005 年 10 月，他终于决定让公司准备开发图片功能了。

　　这次负责整个图片开发功能的是新招聘来的产品副总裁道

格·赫什，他是罗宾·里德辛苦从雅虎挖来的高级人才。负责编程的是斯科特·马利特，而阿伦·西锡格负责用户界面的设计。

这个时候，互联网上早已经有很多图片网站，还有专门为大的门户和社交网站开发图片功能的公司。所有的图片功能千篇一律，用户可以上传图片，将其收入在线影集中，然后允许其他人进行评论。

但是 Facebook 要开发的功能显然不应该是这样的，否则它的上线将毫无意义。设计师们为此进行了一次又一次的头脑风暴，直到有一天西锡格顿悟般地说："我们的图片不仅仅只是图片，它应该具备社交功能，为什么不呢？"他停顿了一下，稍微平复了激动的心情后说："我的意思是说，其实图片叫什么并不重要，我在乎的是里面都有谁。"

赫什和马利特茅塞顿开，是的，如果把所有图片都用图片中的人名标注，那么图片本身就具备了社交特点，只要系统把图片上传的信息反馈给被标注的人，那么马上就能形成互动。

"这种情况下，图片的质量就变得不是那么重要了，要想得到更多朋友的关注，最重要的是图片的数量。"马利特说道。

"是的，只要能让用户上传更多的图片就行。"赫什决定道，"那么我们还等什么，加把劲把它搞出来。"

10月底，图片功能终于上线了。在赫什的坚持下，他们冒险采用了图片压缩的格式，这样分辨率会降低，但是用户可以发的图片的数量会大幅增加。

扎克伯格和赫什、马利特、西锡格一直待在电脑屏幕前，等着看图片功能上线之后用户的反应。

　　第一张被上传的图片是一只卡通猫咪的图案。当然它无法被标记。紧接着，女孩子们开始上传照片，有的是在派对的狂欢，有的是一起郊游的合影，有的是在商场里面试各式衣服，有的是在屏幕面前摆各种姿势、做各种表情，女孩们的照片无处不在。而这些照片都以人名的方式被标记，然后系统把信息发给被标记的人。很快就有更多的人进来浏览照片，之后又有更多的人上传新的照片。

　　用户们就像着了魔一样，不停拍照，不停上传，不停浏览，他们把所有的时间都花在上传和分享图片之上。根据后来的监测数据显示，那时候差不多有 70% 的用户每天上线使用图片功能，85% 的用户则至少每周访问一次。

　　图片功能的成功，其根本原因是把普通的在线功能与社交网络完美结合了起来。扎克伯格准确地把握到这一点，在大家为图片功能的成功庆祝的时候，扎克伯格已经在构思更加宏伟的计划了。

　　扎克伯格把他的想法告诉了德安杰洛，那时德安杰洛刚刚放弃到谷歌实习的机会，终于决定到 Facebook 工作。扎克伯格的想法很简单，就是继续图片功能的辉煌，再推出一个基于社交网络的有效应用。

　　其他人都在为图片功能而忙得不可开交，这个时候能腾出手来的就是德安杰洛了。扎克伯格让德安杰洛挑一个助手负责这个项目，德安杰洛毫不客气地挑了新进员工中最出色的一个人——克里斯·考克斯，一个毕业于斯坦福大学的研究生，他学的专业很广泛，包括计算机、心理学和语言学。他们在讨论中发现一个很重要的问题，这是德安杰洛提出来的，"即使互联网能够回答一百万个问题，但是这不是最重要的，因为你每天睡醒一觉之后想到的第一件事情是'我的朋友们在做什么'"。

这是一个大胆的设想，在此之前从来没有人尝试过。传统媒体是公众媒体，也是权威媒体，他们发布信息，人们去被动地接受。但是在社交网络时代，每个人都可以成为信息的产生者，不管你是否愿意，只要你在社交网络之中。而之前图片功能的推出，恰恰证明了这种可能。德安杰洛决定设计出一个算法，能够自动搜集用户的信息，包括主页的变化、活动的主题、新发的照片等，然后把这些信息用逆时序串联起来，显示给他们的好友。德安杰洛把这个过程叫作动态更新。

这真的称得上是一个绝妙的点子，但是它的开发难度也是相当的。实际上从目前来看，除了德安杰洛，其他人可能无法完成这个工作。

从想出点子到真正实现这个想法，德安杰洛和考克斯整整工作了 8 个月的时间。

这个程序真正复杂的地方在于系统并不是把每个人的所有信息毫无区分地发给所有好友，而是有选择地筛选和有选择地发送。正是由于德安杰洛的精益求精，这个系统做了非常复杂的设计，在信息发送之前，会根据用户的喜好程度将动态信息进行分级，选择对于你来说是大事的事情告诉别人。比如说你听了谁的演唱会或者看了一场球赛，而演唱会的信息将会发送给 A，因为她喜欢音乐；而球赛的信息则可能发送给 B，因为他是一个球迷。

从动态新闻的编程结束到这个功能能够上线，又过了差不多两个月的时间。9月的时候，经过一次又一次调试，考克斯在Facebook上看到了第一条动态新闻，"马克更新了一张照片"。

"我们成功了！"考克斯兴奋地喊了出来。

德安杰洛冷静地盯着屏幕："看吧，第一个'故事'（动态新闻），我们的'出版商'（整理和发送信息的后台软件）开始工作了。"

扎克伯格给了德安杰洛热情的拥抱："我就知道你能行的，我想让它在9月5日上线，那是许多学校开学的日子，你看可以吗？"

德安杰洛笑着说："一定会成功的，拭目以待吧。"

我是领航员，背负公众信任

2006 年 9 月 5 日凌晨，Facebook 正式启动"动态新闻"功能。德安杰洛、考克斯和其他工程师忙碌了好几天，几乎没有休息，现在大家可以打开香槟开怀畅饮了，他们想起图片功能上线的那一个夜晚。这是一个提前的庆祝，毋庸置疑，"动态新闻"一定会成功的。

他们聚集在监视器前，等着看用户们的反应。大卫上传了新照片；艾米成为小甜甜的粉丝；比尔更换了 Facebook 的头像；安吉尔的个人信息由恋爱变成单身……

这时，一个情况同样值得扎克伯格他们关注：你的朋友创建了"学生反对 Facebook 动态新闻的群"；你的朋友中有 100 个人加入了"学生反对 Facebook 动态新闻的群"……大约在 3 个小时之后，这个群增加到 1.3 万人。到了周三凌晨，人数达到 10 万，周三中午的时候人数是 28 万。周五的时候，这个群差不多聚集了 70 万人。除此之外，还有差不多 500 个左右抗议的群在 Facebook 上出现。

德安杰洛根本没有想到会出现这样的情况，在他看来这是一个近乎完美的设计，为什么人们不接受呢？他搞不懂，扎克伯格也想不明白。

某报头版头条文章的题目是"Facebook 的动态新闻就是偷窥"正说明了这项服务的硬伤所在，Facebook 的想法是好的，但是用户未必领情。很多人开始用"盯梢本"来称呼这项服务。

反对的声音则一直不断。周三的时候就有很多学校的学生跑到 Facebook 的总部门前进行抗议，而各大电视台的记者也蜂拥而至。Facebook 的员工们第一次面对这样的场面，显得有些紧张。负责"动态新闻"的产品经理鲁奇·桑维提出："是不是应该关闭动态新闻？这会不会影响 Facebook 的前途？"当然，决策者是扎克伯格。

扎克伯格并没有因为这件事情而担心，这两天发生的事情让他陷入了深深的思考中，就是这些抗议小组真正能够短时间形成这么大的规模，正是因为他们所反对的"动态新闻"功能推送了这个信息。这简直就是一个悖论，因为"动态新闻"广泛团结起来的人们正在合力反对"动态新闻"。

扎克伯格充分发现了"动态新闻"的价值，从传播学上来看，"动态新闻"是成功的，只是我们不小心触碰了一些东西，而在以前，我们并不知道那些东西是不能碰的。

扎克伯格迅速召集德安杰洛和考克斯以及其他一些资深的工程师们去补救这一功能。具体来说，就是给予用户一定的控制权，他们可以选择是否把当前动态发送出去，而不是完全由系统做主。

为了配合这次补救式的修改，扎克伯格更新了一篇博文，宣布"隐私控制"功能上线，同时扎克伯格做了真诚的道歉："我们真的把这件事情搞砸了，在解释新功能的作用方面我们做了一件非常糟糕的工作，而在给予隐私功能控制方面，我们做得更糟……我们没有迅速建立起一个隐私控制功能，从而使我们犯下大错，在此我深表歉意。"

Facebook 的动态新闻功能做出调整、新增 Facebook 隐私控制功能、扎克伯格公开道歉，这些似乎已平息用户心中的不满。这个群出现得快，消失得也很快，在一切似乎圆满解决之后，人们不再关心这个话题，而开始关注其他更新的消息，并且慢慢适应了有"动态新闻"之后的 Facebook 的生活。

扎克伯格虽然道歉了，但是他从来没有想过要取消这个功能。充分的共享才是他的理想所在，"动态新闻"这一步走得稍微大了一点，偏了一点，但是用户总有一天会认可它和喜欢它。

在人们如火如荼地反对扎克伯格的"动态新闻"的日子，Facebook 的流量达到成立以来的最高峰，从 120 亿迅速上升到 220 亿。"动态新闻"促进更多的用户加入 Facebook。

而扎克伯格也根据这次事件的处理总结出一套"先干后道歉"的模式，就是先把东西做出来，用户反对了再道歉，然后再改进。不过事物是发展变化的，没有一成不变的方法。

后来，Facebook 推出"灯塔"服务，再一次侵犯了用户的隐私。当用户购买了一件商品的时候，Facebook 会自动把这个信息通过"动态新闻"发送出去。想想，如果你给自己的女朋友买了一件维多利亚的性感内衣，但是那条消息被发给了你的几百个好友，那是怎样的尴尬场面。"灯塔"服务一经推出就受到了用户广泛的反对。

Facebook 这次犯的最大错误，在于用户购买一件商品之后并不想把这个消息告诉所有人，而且这个服务和扎克伯格原来设想的口碑营销的想法也是背道而驰的。因为购买商品信息并不是因为口碑好，用户主动发送给好友的，而是根据广告商的协议通过 Facebook 的服务器在用户不知情的情况下发送的。

虽然这次的反对声音没有"动态新闻"那么大，但是一开始选择了错误的方法，注定了"灯塔"服务的夭折。在"前进网"（自由派政治团体）领导的抵制灯塔活动 3 周之后，Facebook 宣布，改变"灯塔"为选择性加入系统，即不经用户同意，系统不能发送购买产品的消息。

在那之后，扎克伯格充分认识到自己建立的这个王国的开放性，自己并不是主宰，只要稍稍走错，Facebook 上一定会有反对的声音。但是即使这样，他还是不免犯错，就像一个君主偶尔会想在自己的领地上行使多那么一点的权力。

2008 年 2 月的时候，Facebook 的法务部对"服务条款"做出了改变。那里面有一句话"你将授权 Facebook 不可改变地、永久地、非度假地、可传递地、有偿地在全世界范围内使用、复制、发布、传播、储存、保留、公开发布或者播放……"（等信息）但是原有条款的最后一条"当用户将其内容从 Facebook 上移除时，这个许可将失效"在这次修改中被删掉了。

一开始并没有人注意这样的事情，但是总有人关注不是吗？消费者联盟发表了一篇文章，认为"Facebook 的条款修改，将绑架用户的信息，即使你做出了删除"。后来这篇文章被主流媒体不断转载，接着 Facebook 上出现"新服务条款反对者"的群组，

"动态新闻"一样的事件再次重演，反对者从 3 万增加到 10 万。

这次扎克伯格选择了迅速做出回应，他让人重新制定了"权责声明"取代旧的服务条款，同时请大家对新的文件进行投票表决。最后，差不多有 66.6 万用户参与了网上投票，74% 的人同意通过修改后的"权责声明"。

扎克伯格第一次用民主的办法解决了 Facebook 的隐私问题，并且取得了成功。

其实对于隐私控制，在 Facebook 之前没有人遇到过这么多的问题，所以扎克伯格是第一个真正意义上的隐私控制的裁判员。一开始的时候，扎克伯格虽然知道隐私控制的重要，但是这又和他想打造一个完全分享的社交网络之间是有冲突的，致使扎克伯格徘徊在左右之间，摸索前行。

扎克伯格说："我是 Facebook 的领航员，背负公众信任。"但是这个领航员也并不好当。

F8 大会与平台

Facebook 在 2006 年 9 月 26 日对公众开放，虽然那距离"动态新闻"事件结束没有几天时间。事实证明，这次扎克伯格豪赌般的决策是正确的，注册用户数从之前每天 2 万人迅速上升到每天 5 万人，到 10 月份的时候，Facebook 的在线用户突破 1000 万。

但是 Facebook 发展历史上的第三重门，并不是向所有人开放这么简单，而是把 Facebook 打造成一个像微软一样的平台，所有的人都可以在这个平台上开发应用。

扎克伯格从来没有把 Facebook 当成一个单纯的网站，不管是一开始他主抓的 Wirehog，还是后来的图片功能以及动态新闻功能的上线，这里面都预示着一种让 Facebook 成为真正平台的可能。如果平台战略实现，那么新兴的网络公司会依托于 Facebook 寻找创业捷径，而 Facebook 也将像微软一样成为行业的核心。

当然，这个重要的任务必须得交给一个得力的人去做。但是扎克伯格似乎不用担心这点，德安杰洛甚至没有等扎克伯格要求就开始着手研究这个项目了。

这次和德安杰洛做搭档的是查理·奇弗（曾任哈佛大学计算机系教学助理）。德安杰洛和奇弗花了 3 个多月编写了大量的核心源代码。2007 年年初，Facebook 的代码通过特定的接口被设为开放，理论上这时候任何人和任何公司已经可以使用这些代码在 Facebook 平台上开发应用软件。"当然这还需要不断完善，你得给我时间，而我要更多的人手。"德安杰洛对扎克伯格说。

从苹果挖来的戴夫·莫林则已经开始负责平台营销的工作，他需要找到潜在的软件开发商，让他们为 Facebook 开发软件。但是用什么打动他们呢？"我们有 2000 万用户！不知道这样够吗？"戴夫·莫林马不停蹄地跑每一个他认为有可能的公司。和他一起负责这件事情的还有马特·科勒。他们拜访的范围从全美扩大到全球，实际上苹果的很多软件都是由中国、印度等国家的软件公司开发的，当然欧洲也不容错过，他们明白那些美国之外的市场的重要性。

当这一切都准备妥当的时候，可以说"万事俱备，只欠东风"了。Facebook 需要一场声势浩大的发布会来说明这一切。Facebook 将这场发布会称作"F8 开发者大会"。日期定在 2007 年 5 月 24 日，地点是旧金山。一位名叫迈克尔·克里斯特曼的资深活动策划人被请来策划和组织这次大会。

F8 大会开幕前，Facebook 的员工们通宵加班，"我们将要改变整个互联网"的标语让他们像打了鸡血一样兴奋。事实上，不兴奋也不可能撑到今天，德安杰洛带领开发团队连续 3 个月坚守在工作岗位上，中间甚至没有休息过一天。现在，他们将迎来历史性的时刻。

F8 大会开幕时，扎克伯格穿着 T 恤、羊绒外套、牛仔裤，以及一双露脚趾的橡胶拖鞋走上讲台，宣布："让我们携起手来，一起掀起一场运动吧。"这则亚美斯塔公司设计的广告语让扎克伯格有些怪怪的，这不像他自己的风格，所以他接着说："F8 将是一次史无前例的壮举，Facebook 将成为一个平台，人们可以自由地在这个平台上做开发，做任何你们想做的事情。你们可以选择在 Facebook 上创业，可以贴广告，可以有赞助商，可以买卖。你们唯一要做的就是把你们的产品嵌在 Facebook 里应用。对于未来，我不作任何评论，因为未来将有无限可能。相信我，F8 将是对传统网络的彻底颠覆……"

扎克伯格讲话结束之后，大约 750 名与会者才算真正明白 Facebook 要做的事情，那确实是一种颠覆，它已经完全超越了 Myspace，也许有一天它还可能超过谷歌。

在 F8 大会的现场，大约有 40 家企业展示了他们的应用程序。能有这么多人加入进来，很大一部分是莫林和科勒的功劳。当然这里面还有很多熟悉的面孔，肖恩·帕克带来一个名叫 "Causes" 的软件，用于帮助非营利组织筹集资金；《华盛顿邮报》展示了一个叫作"政治指南针"的软件，帮助人们分析朋友们的政治观点；真正的大客户是一家名叫 "iLike" 的网站，他们演示了一个分享歌曲和古典音乐的软件。

这是一场长达 8 小时的黑客马拉松，主办者和参会者都停留在开发和展示的兴奋之中。

第二天，莫林一起来就收到一堆求救短信："我们的流量太大了，你能帮我们搞到更多的服务器吗？"发信人是 "iLike" 的高管。自从大会结束之后，就不断有人从 Facebook 上下载 "iLike" 软件，现在已经超过 4 万人登录，他们的服务器已经跟不上了，现在正临时增加服务器应急。两天后莫林再问起他时，"iLike"的用户已经超过 40 万了。

F8 大会的成功也超过了扎克伯格的预期，他原本认为一年内能有 5000 个应用程序安装在 Facebook 上就已经非常不错，那曾经是苹果 iphone 的成绩。但是仅仅在 F8 大会之后的 6 个月，Facebook 上就注册了 25 万开发者，差不多有 2.5 万个应用程序被嵌入到 Facebook 平台之上。

而之后，扎克伯格的另一个想法，一项被称为"Facebook 连接"的服务也开始上线，即用户可以通过 Facebook 账号登录其他网站，这将为社交网络带来更多的便利。而这些网站可以共享通过 Facebook 登录到自己网站的用户数据。

今天，Facebook 上运行着 5.2 万个程序，有超过 180 个国家的 100 万注册开发人员在这个平台上为 Facebook 服务。Facebook 应用程序的每月点击量超过 300 亿。而通过"Facebook 连接"服务的网站也已经有 1 万多个。Facebook 正在抢占谷歌这样的行业巨头的阵地，而它必将带来更多的颠覆。

第四章
左膀右臂

肖恩·帕克说:"看看你周围的那个世界,只需要在正确的位置轻轻一推,它就能够被倾斜,倾斜……"

雪莉·桑德伯格曾说:"2008年,整个世界经济都在衰退,我有点紧张。但是在不久之后,我发现我们的广告率保住了,在别家都不断大幅缩小目标的时候,我们却越来越好。"

创业合伙人

爱德华多·萨维林是扎克伯格创办 Facebook 的第一个合伙人，也曾经是扎克伯格之外拥有 Facebook 股份最多的人。萨维林在 Facebook 的简介上写着"经营事务、公司事务、巴西人私事"。

萨维林出生于一个巴西富商的家庭，在一次犹太兄弟会的聚会上他认识了比他低一个年级的扎克伯格。萨维林从别人那里听过扎克伯格的很多事情，甚至从《哈佛深红报》上读了关于他的文章。别人可能觉得电脑天才一定是难以接近的，萨维林却和扎克伯格有很多共同的语言。

在一次萍水相逢式的交往之后不久，扎克伯格告诉了萨维林关于创建 Facebook 的想法。为了实现 Facebook 这个不错的点子，他希望找一个合伙人。这个合伙人不仅仅是为这个项目投钱，更主要的是这个人需要懂得一些商业方面的知识。虽然那时候 Facebook 还没有上线，但是扎克伯格知道他迟早有一天会需要这方面的行家来帮助自己，而萨维林无疑是扎克伯格认识的人中最懂得商业知识的人。

萨维林是哈佛投资俱乐部的办事员，同时凭借他对对冲基金的了解和气象学方面的知识，他在几笔石油生意中赚了将近 30

万美元。对于一个哈佛在校生来说，这显然是一个不错的成绩，而这也是扎克伯格最看重的地方。

两人各自出资 1000 美元作为 Facebook 启动资金，这笔钱主要用于支付租用服务器的费用。萨维林拥有 Facebook 三分之一的股份。

在 Facebook 上线并在哈佛校园取得成功后，萨维林和扎克伯格又各自追加了 1 万美元作为这个项目的运作资金。萨维林广泛的人脉在 Facebook 的前期推广中起到了很大的作用。

但是不可否认，萨维林不懂编程，所以当扎克伯格一个人忙不过来的时候，他和萨维林商量雇用了扎克伯格的室友达斯汀·莫斯科维茨作为 Facebook 的合伙人。为此，莫斯科维茨拥有 Facebook 5% 的股份，而萨维林的股份降到了 30%。

当 Facebook 在所有的常春藤校园迅速流行开来，且拥有近 10 万用户的时候，萨维林和扎克伯格觉得该注册一个公司了。当然，另一个原因是萨维林已经开始给 Facebook 拉广告了，没有公司作为主体，很多事情是很难办的。萨维林在自己中学的所在地佛罗里达州注册了一家有限责任公司，

Facebook 虽然有近 10 万用户在线，但是广告客户对于这样的新生事物并没有萨维林等人想象的那么有兴趣。萨维林通过和 Y2M 签订广告协议，开始了在 Facebook 上投放广告的尝试。Mastercard（万事达卡）的广告投放是一个成功的尝试，在 Facebook 投放广告后，该信用卡一天的申请人数超过了过去 4 个月的申请人数，从此 Y2M 与 Facebook 的合作更加紧密。

虽然扎克伯格知道租用服务器需要费用，但是对于在

Facebook 中加入广告一直存在抵触心理。经过一番磨合之后，萨维林终于找到了一种既能让客户认可，又能让扎克伯格满意的方式。

那年暑假，扎克伯格和莫斯科维茨去硅谷的时候，萨维林觉得这不过是扎克伯格的一时兴起。他则按照自己既定的计划去纽约做交易所的实习生，并且在空余的时间继续为 Facebook 拉广告。他显然低估了扎克伯格对 Facebook 的热情和对帕洛阿托的喜爱。开学的时候，扎克伯格和莫斯科维茨决定从哈佛退学，从而更好地投入 Facebook 的创业之中。扎克伯格邀请萨维林一起到帕洛阿托来，但是萨维林则决定继续读完哈佛的大四课程，然后去上商学院。

帕克带来第一轮融资的时候，萨维林感觉自己被排除在了核心管理层之外。那时他掌握着公司的账户，为了向扎克伯格施压，他冻结了账户。在扎克伯格看来，这是对 Facebook 的背叛，所以他让帕克在特拉华州重新注册了 Facebook 的公司，扎克伯格和莫斯科维茨把佛罗里达州的公司的权益全部转到了新的公司。考虑到他不再对公司做贡献，所以在以后的融资中他的股份被无限稀释。萨维林在股份被稀释到 10% 的时候，与扎克伯格彻底决裂，并且起诉了扎克伯格。后来双方和解，到现在，萨维林仍然持有 Facebook 5% 左右的股份，价值约 11 亿美元。

曾经创业的伙伴不得不分道扬镳。在萨维林看来这是扎克伯格赤裸裸的背叛。实际上，他们在一开始所确定的目标就不相同，扎克伯格准备用 Facebook 实现理想，改变世界；而萨维林只不过是把 Facebook 当作一个商业项目。

达斯汀·莫斯科维茨加入 Facebook 是一个偶然，他大学读的是经济。虽然对电脑也有一定的爱好，但是他在加入 Facebook 前甚至连网络编程用什么语言都不知道。但是不能否认他一个非常聪明而且十分勤奋的人，在跟随扎克伯格短暂地学习之后，他就担负起了新开学校的网站编程工作，以至于后来网站运转中出现任何问题，都由莫斯科维茨一手解决。

经过努力，莫斯科维茨成为 Facebook 的首席技术官兼工程副总裁。他一直是扎克伯格最坚定的盟友，不管是一起退学，还是面对公司融资，或是公司未来的发展方向上，莫斯科维茨一直坚定地支持扎克伯格。而他的 Facebook 简介上写着"不再当炮灰的编程员、职业杀手"。

不管是肖恩·帕克做公司的总裁，还是马特·科勒受到扎克伯格信任，还是范·塔纳担任 COO（首席运营官），莫斯科维茨一直默默无闻地坚持做好自己的工作，同时坚定地站在扎克伯格身后，一如既往地支持他。

在所有人看来，莫斯科维茨不会离开扎克伯格，甚至扎克伯格自己也这么想。但是，在雪莉·桑德伯格担任 COO 的时候，莫斯科维茨最终决定离开。

雪莉给 Facebook 带来了广告，带来了成功的赢利模式，但是显然莫斯科维茨不在乎这些。在抵制广告方面他甚至比扎克伯格做得更加彻底，在他看来，现在的 Facebook 还是扩张的时候，不停地增加用户才是 Facebook 现阶段最应该做的事情。

当然他和扎克伯格在产品设计方面也出现了分歧，扎克伯格更注重简单，而莫斯科维茨则更加关心受众的体验；莫斯科维茨准备推出一个能够使商业用户更加方便沟通的软件，而扎克伯格的兴趣却不在这里。

为此，莫斯科维茨决定辞职，创办自己的网站 Asana，帮助企业员工进行网上协作，这样他可以按照自己的意愿在平台上大展拳脚。当然他仍然是扎克伯格之外的 Facebook 第二大个人股东，拥有 6% 的股权，价值 13 亿美元。

克里斯·休斯是 Facebook 的另一位联合创始人。与扎克伯格同住一个套间，在哈佛主修同志文学和历史。由于休斯的良好口才，所以他在一开始就做了 Facebook 的新闻发言人。当然他的工作并不止于此，新学校开发时的宣传并不是一件轻松的活儿，但这正是休斯拿手的。

Facebook 是一个网站，它的主要员工都是编程师和技术员，让这些理科生把握什么样的社交网站内容会让客户感兴趣，显然有些力不从心，但是休斯无疑是这方面的行家。他作为产品顾问，告诉整个团队哪些有用，哪些是垃圾。

不过休斯也是最早选择离开 Facebook 的人，倒不是因为项目本身，而是他觉得和扎克伯格做朋友比做同事，特别是做他下属要轻松得多，因为休斯早期的贡献，他获得了 Facebook 1% 左右的股份。

叛逆鬼才

　　肖恩·帕克是个真正的天才，而且和扎克伯格有很多相似之处。帕克的父亲是一个海洋学家，在帕克 7 岁的时候父亲开始教他电脑编程。由于小时候体弱多病，帕克的大部分童年都是与电脑和书本一起度过的。他在 16 岁时因为侵入跨国公司和美国军事部门的网络，而受到 FBI 调查。在黑客圈子里，他就像一个过早成名的英雄，从而被很多电脑迷崇拜。

　　17 岁时没有读完高中的他，帮助肖恩·范宁建立了 Napster，这个网站峰值时有 2600 万人在线。但是帕克因为在邮件中不恰当地表达了自己对唱片公司诉讼问题的看法，而使公司陷入被动。帕克第一次被自己创建的公司抛弃。紧接着他和朋友成立了 Plaxo，一个帮助用户更好地管理邮件的网站。但是帕克因为和投资方处不好关系而第二次被扫地出门。

　　遇到扎克伯格的时候是帕克最落魄的时候，同时也是帕克正在总结前些年的失败经验而逐渐成熟的时候。

　　扎克伯格和帕克的相遇，实在可以用相见恨晚来形容。扎克伯格想把 Facebook 打造成一个独一无二的商业模式，但是他那时并不知道该怎么做。帕克在这方面无疑比扎克伯格和其他人更具有经验。经过短暂的相处之后，扎克伯格任命帕克为公司的总裁。总裁的权力仅次于 CEO，当然扎克伯格这时候还不知道怎样做一个 CEO，所以帕克在管理上拥有相当多的自由。

不知道帕克是出于对公司现状的理性判断，还是有意忽略了那些公司制度的条条框框，总之他开始做总裁的时候，公司基本没有制度。毕竟那时的公司只有不到 10 个人，谁会在乎呢？

所有住在公司里的人都保留了大学时的"良好传统"，白天很晚起床，中午饿了才有人出来，下午开始工作，到了晚上才会进入兴奋的工作状态。但是一旦有一个好的点子或者需要马上完成的项目时，他们就会开足马力，一连工作好几天，甚至都不休息。之后，到附近的酒吧或者去斯坦福校园里面和那里的学生们饮酒狂欢。

因为这些，帕克很受人喜欢。当然还有他的宝马 5 系跑车，帕克不用它时，其他人可以去开车兜风。

但是看似玩世不恭的帕克，用自己之前积累的经验和吸取的教训，为 Facebook 做了件非常重要的事情，而且每一件都对未来影响深远。

第一件事是在特拉华州重新注册了公司。由于萨维林在佛罗里达州注册的公司缺少必要的法律文件，帕克建议在特拉华州重新注册 Facebook 公司，因为那里的法律对高科技公司有很多优惠条件。而这次重新注册为以后的融资奠定了基础。

第二件事是谈成了两轮重要的风险投资。第一轮是彼得·泰尔领导的天使投资，得益于帕克和雷德·霍夫曼深厚的友谊。而第二轮是阿克塞尔合伙公司的注资谈判，帕克充分显示了他的

"机智狡猾"和熟练的谈判技巧，阿克塞尔最终以高出《华盛顿邮报》集团将近1倍的估值购买了Facebook的股份。帕克居功至伟。

第三件事是去掉了"the Facebook.com"域名中的"the"，这主要源于帕克的极简主义原则。事实上他每次看见"the"都很不爽，阿克塞尔的融资进入之后，帕克花了20万美元从一家叫About Face的公司手里买下了这个域名。想想"iPad"名称权之争，我们就知道帕克当时多么有先见之明了。

第四件事是为公司招聘到骨干成员。马特·科勒被帕克从霍夫曼那里挖角过来，成为扎克伯格的首席幕僚，后来担任Facebook的产品经营副总裁。阿伦·西锡格——帕克的朋友——为Facebook简化了页面，想出了图片用人名标记的点子。

第五件事是巩固了公司结构，以保证扎克伯格在董事会中具有两个席位，这样彼得·泰尔和吉姆·布雷耶进入董事会后，扎克伯格和帕克仍然拥有多数的表决权。

其实光是这些，帕克就无愧于总裁的位置了。而且他一直是扎克伯格的坚定支持者，他在公司中维护扎克伯格的权威，在外面积极塑造扎克伯格年轻沉稳、高瞻远瞩的形象。

帕克总觉得扎克伯格就像年轻时的自己，他连续被两家公司抛弃，所以不愿看到扎克伯格面临和自己一样的问题。正是因为这个原因，帕克对风险投资的引进一直非常谨慎，虽然他成功地促成了两笔交易，但那也是他周密考虑和仔细权衡的结果。"Facebook只有扎克伯格当CEO最合适，没有人能够替代他"，这是帕克常常挂在嘴边的话。

2005 年 8 月，帕克去北卡罗来纳州度假，他在海边租了一个房子玩风筝、冲浪。晚上，帕克邀请冲浪教练和当地的朋友到他的房子里举行派对。美酒、美女、音乐，这样的派对帕克不知搞了多少次，没想到这次却惹上了麻烦。

当地警察冲进了聚会的房间，带着缉毒犬在屋子里搜到了"装着白色粉末的塑料袋"。由于帕克是签订租房合约的人，他以持有可卡因的罪名被逮捕。后来由于证据不足，帕克被释放，没有被警方起诉。

但是当帕克被捕的消息传到公司的时候，董事会发生了争论。扎克伯格认为这是帕克个人的事情，与公司无关；而吉姆·布雷耶则认为这是一件非常大的事情，公司的总裁因为持有可卡因被捕，公司的形象很可能因此受到影响而一落千丈。特别是 Facebook 是以校园为基础，如果帕克的行为构成犯罪，或者媒体利用这点做文章，那么很可能很多大学会出台相关禁止和限制 Facebook 的制度，到时候势态将一发不可收拾。所以"帕克是公司的毒瘤，必须被清除掉"，这是布雷耶的观点。

董事会的风暴之后，Facebook 的员工们也开始讨论并逐渐正视起这件事来。帕克是个好人，也是个不错的朋友，但是他未必是个合格的总裁。在公司只有几个人的时候，帕克可以使用无为而治的手段，而现在公司已具有相当规模，处在高速发展阶段，帕克的随心所欲就显得有些不合适了。

而帕克也坦承："我一直希望找到原动力去奋斗，并取得了很多成功，在那之后我就有点心不在焉了。"所以他经常会莫名其妙地消失一段时间，去寻求新的刺激和能打动他的东西，没人知道他在哪里。虽然扎克伯格对此司空见惯，但是新来的员工总见不到公司的总裁毕竟不是一件让人容易接受的事情。

另一个董事泰尔也开始觉得，帕克并不能帮助扎克伯格成长为一个合格的 CEO，而且他的风流不羁和浪荡性格很可能影响公司的形象。Facebook 想要长远发展，帕克必须离开。

当泰尔和布雷耶达成一致的时候，扎克伯格开始面临极大的压力。帕克最终决定自己做出选择，他不忍心扎克伯格为了自己而困扰，也不愿意 Facebook 的发展受到影响。帕克最终做出了选择，他上交了辞呈，辞去了总裁的职位。但是布雷耶咄咄逼人，提出让帕克放弃股份，帕克不得已放弃了一半的优先认股权，但是他把自己的董事席位转给了扎克伯格，这样扎克伯格仍然能保持对公司决策的独立性。

帕克的离开，让扎克伯格十分伤心。帕克为他所做的一切，扎克伯格都铭记在心，而自己没有成长为一个合格的 CEO 成为帕克离开的理由，也让扎克伯格充满了自责。他希望帕克能够在公司之外继续给予自己意见和支持，也暗自决定尽快成长起来。

实际上，在帕克离开之后，扎克伯格没有再任命过总裁，他们两人也一如既往地保持着深厚的友谊。

商界女王

雪莉·桑德伯格是美国前财政部长拉里·萨默斯的办公室主任，谷歌在线销售和运营部门的副总裁。这样一个成功女强人是如何和 Facebook 扯上关系的呢？

其实扎克伯格第一次见到桑德伯格是在 2006 年，那时候雅虎报价 10 亿想要收购 Facebook。因此，扎克伯格出席了雅虎 CEO 特里·塞梅尔举行的一次社交派对。在那里，扎克伯格第一次见到桑德伯格。两人只是做了简单的寒暄，没有深聊。扎克伯格之所以能记住桑德伯格，是因为她毕业于哈佛，而且她是一个犹太人。一个聪明的犹太人很常见，不管是科学家还是企业家，但是一个聪明的犹太女强人说实话并不多见。

"灯塔"项目的失败，让扎克伯格觉得必须得找个懂广告的人来做这件事，靠他们这些编程的脑子看来是很难搞定这件事了。而董事会对范·塔纳的 COO 工作也不是特别满意。布雷耶觉得也许应该找一个更加合适的 COO 来引领公司前进，帮助扎克伯格成长。

布雷耶的建议是找谷歌的桑德伯格来担任这个职位，因为他听到了一些风声，说桑德伯格有意离开谷歌。作为硅谷的一名资深投资人，对他来说没有什么消息是密不透风的。

然后，扎克伯格开始搜寻桑德伯格的信息，想先从资料的层面做一个了解。巧合的是，在一个圣诞派对上，扎克伯格遇到了桑德伯格，扎克伯格以学生向老师请教的姿态，向桑德伯格询问如何在 Facebook 上投放广告会更加合适。这似乎有些冒失，毕竟之前两个人并不熟悉，而且现在还分属两家竞争的公司。但是扎克伯格提了出来，桑德伯格也不好拒绝，所以她从谷歌的角度提出了一些建议，毕竟那时候她还没有真正接触 Facebook。但即使是这样，也足以让扎克伯格知道自己从前对广告的看法是多么幼稚了。扎克伯格直言不讳地说出自己希望桑德伯格能到 Facebook 担任 COO 的职务，但是被桑德伯格婉拒了。

她是准备离开谷歌，不过她似乎已经有了选择，一家位于东海岸的大型传媒公司向她抛出了橄榄枝。不过她也不知道自己的选择是不是对的，所以她找硅谷的投资人罗杰·麦克纳米去征求意见，罗杰给出的答案很简单，那家传媒公司不错，可是为什么她不去试试 Facebook 呢？因为那时候罗杰正好也是 Facebook 的非正式顾问之一。

罗杰为扎克伯格安排了一次见面，但是短短的几个小时，既不足以让扎克伯格说服桑德伯格，也不能让桑德伯格对 Facebook 有足够的了解。

所以在那之后，扎克伯格总是频繁地约桑德伯格见面或者去她的家里拜访。桑德伯格已经是一个 41 岁的女人了，事业有成，还有两个孩子，她可不会随随便便做出决定。扎克伯格发现了另一个突破口，就是孩子。扎克伯格成功地用黑客故事和击剑术引起了他们的兴趣,所以扎克伯格的拜访至少让孩子们觉得很高兴。"那样子好像恋爱一般,说实话我追女朋友都没有花过这么大的力气。"扎克伯格后来回忆说。但是他的坚持不懈和死缠烂打确实让桑德伯格的想法开始松动。

2008 年 1 月的时候,正好赶上达沃斯论坛,桑德伯格邀请扎克伯格乘"谷歌一号"的专用飞机从旧金山飞往苏黎世。桑德伯格这时基本已经决定去 Facebook 工作了。

但是,桑德伯格在一篇介绍 Facebook 的文章中看到了扎克伯格和文克莱沃斯兄弟那场说不清楚的官司。除了公司之外,对于扎克伯格本人的了解也是必不可少的,因此,桑德伯格决定问问另一个人的意见,而这个人就是《华盛顿邮报》的丹·格雷厄姆。格雷厄姆说起了在那次阿克塞尔横插一脚的融资中,扎克伯格主动和他商量的事情,他很喜欢那个小子,对他的诚实,格雷厄姆做了保证。

现在对桑德伯格来说,已经没有什么事情可担心了,她在2008 年 3 月份的时候从谷歌离职,宣布加入 Facebook 并担任COO 一职。

桑德伯格是要么不做,要做就把事情做好的那种人。她一进入公司,就开始召集广告部门的高管们开会,就如何发展Facebook 的广告展开讨论。会议持续的时间很长,常常从早上上班到晚上一两点,而且不是一次会议,而是一系列的会议。在找出方法之前,桑德伯格认为开再多的会议都是有必要的,而且在需要的时候,桑德伯格还会把整个广告部的人,或者其他相关各部门的负责人全部召集到会议室来。

　　扎克伯格已经学会如何做一个 CEO 了，这次他选择彻底放权，他给自己放了一个月的长假，准备做一次环球旅行，把所有的事情全部交由公司的二把手——COO 桑德伯格去处理。

　　桑德伯格没费很多时间就证明了自己的能力，现在公司的广告部门已经被全部调动了起来，他们想出了一个好办法，就是定制广告与口碑传播。Facebook 与其他网站的最大不同在于它的用户都是实名注册的，而且每个人都有可以信任的朋友圈子，Facebook 上的好友喜欢什么东西、用过哪些商品，将成为朋友们的参考。同时，Facebook 群和朋友圈子可以成为召集活动、传播信息的有效平台。另外，虚拟形式的礼物和虚拟货币将在Facebook 的互动中大行其道。这每个都是一个不错的商业机会。

　　当然最重要的是，由于 Facebook 上信息的真实性，客户可以知道把自己的广告告诉哪些人会更加有效。在 Facebook 投放广告，是绝对不会将广告主的金钱浪费在不适合的群体上的。

　　就这样，Facebook 的广告形式终于出炉了，而且马上就有客户开始尝试，比如星巴克送出虚拟礼物，并且发放免费试饮的优惠券；马自达策划了一个大家创作动画短片的活动；"本和杰瑞"冰激凌公司请大家在 Facebook 上对新产品的口味献计献策，等等。

　　事实证明桑德伯格是成功的，扎克伯格旅行回来后充分肯定了桑德伯格所做的一切，并放手给她更大的权力。

　　在桑德伯格的领导下，公司的广告销售员从 20 个增加到 150个，而且开始在都柏林、巴黎、悉尼、斯德哥尔摩和多伦多等地设立办事处。美国所有大广告客户全部开始在 Facebook 上投放广告，不管是宝洁，还是联合利华，或是西尔斯百货，都开始参与到这种全新的广告形式之中；而阿迪达斯、可口可乐等 10 余个品牌在 Facebook 的商业页面有超过 200 万的粉丝。

桑德伯格似乎掌握着点睛之笔，2009 年公司的广告收入从 2008 年的 3 亿美元增长到 5.5 亿美元，2010 年公司宣布全面赢利。桑德伯格真正把 Facebook 变成了一个可以挣钱的项目。

回想起那时的经历，雪莉·桑德伯格说："2008 年整个世界经济都在衰退，我有点紧张。但是在不久之后，我发现我们的广告率保住了，在别家都不断大幅缩小目标的时候，我们却越来越好。"

寻找高智商且有认同感的人

Facebook 早期加入的许多员工，在与扎克伯格一起见证 Facebook 成长的同时，也通过他们的个人努力在 Facebook 的历史留下了浓墨重彩的印记。

早期员工第一人，亚当·德安杰洛，是扎克伯格的高中好友，曾在高中时与扎克伯格一起开发出了软件 Synapse。高中毕业后，他考入了加州理工大学计算机系。相比之下，扎克伯格他们只能算作电脑的业余爱好者，而德安杰洛才是真正意义上的编程高手。在扎克伯格开发出 Facebook 之前，德安杰洛在宿舍里开发出了 Buddy Zoo，通过这个软件你可以找到你和别人在 AIM（美国在线的即时通信软件，比 MSN 更受欢迎和普及）上的共同朋友。虽然德安杰洛没有把它商业化，任其自生自灭，但是这个"找出共同朋友"的想法给了扎克伯格相当大的启发。

扎克伯格在 Facebook 创业之初，邀请德安杰洛共同参与项目开发，德安杰洛其实一开始并没有看上 Facebook，他和麦克科伦把更多的精力放在了 Wirehog（一个点对点的分享软件）上，他们认为 Wirehog 比 Facebook 更具技术含量。扎克伯格也参与其中，最后 Wirehog 放在 Facebook 上供人下载使用，因为其操作难度过大而无人问津，扎克伯格只能放弃了这个项目。莫斯科维茨则花了很多时间，主动向德安杰洛学习编程的知识。

实际上，德安杰洛一开始并不能算是 Facebook 的全职员工，他时来时走，有时候去完成自己的学业，有时候去研究自己喜欢的高难度编程工作，比如设计通过摄像头读取手势就能实现输入文字的程序，等等。2005 年的夏天，他得到了去谷歌做实习生的机会，但硬是被扎克伯格拉回了 Facebook。

在 Facebook，德安杰洛做成了两件具有里程碑意义的事情。Facebook 上一开始饱受争议的"动态新闻"出自德安杰洛和克里斯·考克斯（斯坦福的研究生毕业）的头脑风暴。他们的想法很简单：互联网能够解决 100 万个问题，但都不是人们关心的，其实人们每天醒来的第一件事情是想知道："我关心的那些人现在在做什么？"

想法很好，但是为了实现这一想法，他们花了整整 8 个月的时间。首选，要研究出一个算法，自动分析 Facebook 上所产生的用户信息，自动选择他们感兴趣的活动以及个人主页变化情况，然后用逆时针顺序把这些信息显示给他的朋友们。"动态新闻"刚上线的时候，反对的声音较大，扎克伯格顶住了这些声音，最后证明这是一个非常成功的改变。正因为动态信息的出现，才使 Facebook 后来成为开发平台具有了一定的可能性。

开发平台的搭建，又是德安杰洛担当重任，这次他的搭档是查理·奇弗。Wirehog 其实是第三方软件在 Facebook 平台上的第一次尝试，它虽然失败了，但是指明了一个方向。扎克伯格早有搭建 Facebook 平台的想法，但是真正实现这一想法，靠的还是德安杰洛的编程才能。他和奇弗编写了大量的核心源代码，之后 Facebook 的代码通过特定的接口被设为开放，任何人和任何公司都可以使用这些代码在 Facebook 的平台上面开发应用软件。可以说平台的搭建，使 Facebook 走出了像微软垄断软件业那样征服整个网络的第一步。

平台搭建成功后不久，Facebook 的 CTO（首席技术官）德安杰洛选择了离开 Facebook，并带走了奇弗，去做他们想做的事情。他创建了社会化问答网站 Quora，这是比较戏剧性的桥段。之前他在开发"动态新闻"时曾认为人们并不关心互联网能解决的 100 万个问题，而只关心自己的朋友在做什么，但是这次他转向了，他决定先把 100 万个问题解决了，再做决定。谁知道 Quora 会不会是下一个硅谷新星呢。

安德鲁·麦克科伦，是扎克伯格的大学同学。扎克伯格在 2004 年暑假选择帕洛阿托作为公司的新址，其中一个理由是麦克科伦那时候在艺电实习。他们共同开发了 Wirehog，当然还有德安杰洛。为了保证 Wirehog 项目的发展，扎克伯格注册了 Wirehog 公司，他希望这是一个能和 Facebook 并行发展的项目。扎克伯格、麦克科伦、德安杰洛、莫斯科维茨以及帕克都是 Wirehog 的股东。Wirehog 与 Facebook 不同，它与资本的唯一一次接触，是扎克伯格和麦克科伦穿着睡衣睡裤去红杉资本的办公室做融资的推介，他们只带了 10 页 PPT，上面写着"不要投资 Wirehog 的十大理由"。这完全是一次年轻人的恶作剧，而且看起来更像是为了帮助帕克报被红杉资本赶出 Plaxo 的一箭之仇的幼稚之举。

没有获得融资倒在其次，关键是 Wirehog 的想法虽是好的，但是其复杂的操作与本来让所有人轻松共享文件的想法背道而驰。后来 Wirehog 上线，借助 Facebook 的平台免费下载，却因为操作难度过大的硬伤而反应平淡，最终扎克伯格放弃了这个项目。但是 Wirehog 的尝试指出一条路，一条让 Facebook 成为开放平台的发展之路。

麦克科伦除了作为 Wirehog 的主要开发者之外，还有一个贡献并不被大家所熟知，就是 Facebook 早期标志的设计。麦克科伦以阿尔·帕西诺（好莱坞电影明星，1971 年版《教父》的男主角）的头像为蓝本，将数字一和零覆盖在上面，设计出了 Facebook 的第一个标志。后来很多用户以为那是扎克伯格的头像，实际上那只是这些年轻人向自己的偶像致敬的方式罢了。

马特·科勒，是 Facebook 早期的灵魂人物。科勒曾是投资人雷德·霍夫曼的左右手。他毕业于耶鲁大学音乐系，曾经在中国的一家网络公司工作过，然后在麦肯锡做过几年顾问，后来在霍夫曼的 LinkedIn 商业社交网站中工作，他是最有价值的员工之一，而帕克把他挖了过来。

科勒回想起他加入 Facebook 的经历时，说道："在霍夫曼介绍泰尔与扎克伯格见面的时候，我也在场，听完他们的想法，而且当泰尔和霍夫曼都决定投资的时候，我甚至也有买入一些股票的冲动。但是帕克拒绝了我，说他们不打算出售更多的股票，但是不久之后他们又向我抛出了去 Facebook 工作的橄榄枝。我 28 岁了，难道让我去给这些 20 出头的毛头小子们打工？我有些犹豫，但是当我给在普林斯顿上大学的弟弟打了一个电话之后，彻底改变了想法。我问他知道 Facebook 吗？他回答说：'你的问题就像在问我普利斯顿有电吗一样白痴。'然后我就加入了 Facebook。是的，既然它在大学生中有那么大的影响力，我为什么要错过它呢。"

科勒因为其成熟稳重，并且有冷静的头脑，一开始就充当着扎克伯格的"智囊"的角色。相对于没有经验的 CEO 扎克伯格和整天见不到人的总裁帕克，科勒更好地成为早期凝聚公司的核心人物。科勒一开始负责为公司从大学招聘人才，他招聘到的第一个员工是后来创建了 YouTube 的陈士骏，但是很遗憾，当时公司没能留住他，他仅仅待了几个星期。谷歌在普林斯顿召开招聘会的时候，科勒举着牌子在门口分发 Facebook 的传单，上面写着"为什么要到谷歌？来 Facebook 工作吧。"那是扎克伯格的点子，面对谷歌这样的庞然大物，还是有很多怀揣梦想的年轻人选择了 Facebook。

当然，科勒最在行的还是经营管理与资本的领域，他担任了 Facebook 的产品经营副总裁。在 Facebook 成功搭建起开放平台之后，科勒几乎走遍了全球去拜访新兴的网络公司和大型传媒公司，希望他们能够在 Facebook 的平台上开发软件。可以说，没有科勒的努力，F8 大会上就不会有那么多企业展示自己为 Facebook 开发的软件。F8 的成功，科勒功不可没。在融资方面，几乎每一次重要的融资都有科勒参与，帕克走后，科勒一度成为负责融资的第一人，直到欧文·范·塔纳开始担任新的 COO，他才能够稍微放下肩上的担子。

所谓成也萧何败也萧何，科勒因为霍夫曼的投资而加入

Facebook 的团队，后来也因为雅虎的 10 亿美元收购谈判而最终失去了扎克伯格的信任。其实扎克伯格一开始也徘徊在卖与不卖的边缘，他甚至想在这风口浪尖上让 Facebook 向所有人开放。这是一次破釜沉舟式的尝试，如果成功了，那么不卖；如果失败了，就此止步，也许 10 亿美元是个不错的主意。就在谈判的关键时刻，雅虎因为股票暴跌，把收购价调整到 8.5 亿美元，这时扎克伯格因为可以不用出售 Facebook 而终于松了一口气，但是一直支持出售的范·塔纳和马特·科勒，却开始不被信任了。

2008 年 6 月，马特·科勒选择主动离职，之后他加入了 Benchmark 资本公司，进入风险投资领域。

阿伦·西锡格，是一个平面设计天才，是帕克的朋友。他来到 Facebook 的第一件事情，是重新设计 Facebook 页面，清理代码，把所有功能简化，好让 Facebook 的主页看起来简单方便。西锡格在谈起这次设计时说："我只是想让页面看起来简单，这样人们就可以花更多的时间与自己的朋友交流，而不会过多地停留在 Facebook 的页面上。"而这正符合扎克伯格的想法，一切多余的毫无意义的代码和功能都应该被去掉，Facebook 应该越简单越好。这就是扎克伯格所推崇的极简主义。

在重新设计页面之外，西锡格还做了一件好玩的事情，就是设计了 Facebook 的 T 恤。T 恤上面画着一架战斗机从几只鹌鹑旁飞快地掠过。这个创意是因为扎克伯格心血来潮，在 Facebook 的搜索页面下方放上了两句毫无意义的电影台词。"我甚至都不知道鹌鹑长得是什么样。"这句话出自《婚礼傲客》。"太近了，不方便发射导弹，改成用枪。"出自《壮志凌云》。

西锡格对 Facebook 的最大贡献，在于他在图片系统开发时所做的一切。在 Wirehog 失败之后，帕克劝说扎克伯格开发 Facebook 自己的图片功能。西锡格负责用户界面设计，是他提出了"我只在乎图片里面有谁，而不是其他的想法"。正是这个想法，使 Facebook 的图片只能以图片中的人物名字标记，只要你发图片，被标记的人就会收到一条信息，这样图片不再是单向的"秀"的过程，而成为一种交际形式，最终 Facebook 的图片功能大获成功。

第五章
年轻的困扰

一个人在十几岁时拒绝了百万年薪，在二十几岁时拒绝了 7.5 亿美元收购，而一心做自己想做的事情。你一定会觉得他是一个意志坚定的人，但是那时的他还很年轻，而且有些害羞。

生活中难免出现选择的困扰，但那是成长所必须付出的代价。

他像一个很害羞的人

虽然拥有世界上最具增长潜力的互联网公司，构建了一个无与伦比的 Facebook 帝国，但扎克伯格一直是一个性格内敛、略显害羞的年轻人。

最早报道 Facebook 的文章认为，扎克伯格之所以开发出 Facebook 是因为他的社交障碍。实际上这是一种误解，扎克伯格从来都不是不爱表达的人，只是在某个话题引起他真正的兴趣之前，他更愿意倾听别人的想法。他习惯于看着说话的人一言不发，自己保持沉默，那是他在思考问题时所常有的状态，如果他觉得你说得很有启发性，那么他会滔滔不绝地说出自己的想法，甚至不惜引起一场辩论。如果他觉得你的话不过是毫无新意的老生常谈，他会说一句"是啊"，然后转换话题，或者干脆转身离去。

当然不是谁都会把说话这样一件简单的事情搞得这么复杂。扎克伯格的习惯和他性格中略显害羞而不愿意伤害别人的性格，在 Facebook 创业的初期曾给他带来了很大的麻烦。

在大学二年级的"Facemash"风波之后，文克莱沃斯兄弟和纳伦德拉策划了网站 Harvard Connection，这个网站可以实现交友的功能，而且与其合作的酒吧和俱乐部将为网站的注册用户打折。交友和商业合作是他们三个人的宏伟蓝图，但问题是他们还没有找到可以实现这个想法的人——编程员。

扎克伯格因为 Facemash 出名，因而迅速进入了他们的视线。他们约扎克伯格一起讨论了这个想法，希望他能够加入。扎克伯格想了想说："或许我可以帮忙。"但他只是把 Harvard connection 作为他众多编程项目中的一个而已。

后来，通过和文克莱沃斯兄弟、纳伦德拉频繁的电子信件沟通，让扎克伯格觉得这个项目和他的想法相差太远，他们在想法上有很多分歧，扎克伯格不想再为这个项目浪费太多时间。但是扎克伯格不好意思直接拒绝别人，只是找了很多理由推托。

直到一个多月后他们4个人一起开会的时候，扎克伯格才声明自己没有时间再为这个项目工作了。由于之前没有任何书面协议，文克莱沃斯兄弟虽然不希望扎克伯格退出，但也毫无办法。现在一切都得重新来过，因为扎克伯格的原因，他们浪费了一个多月的时间。

2004 年 2 月，扎克伯格的 Facebook 上线，文克莱沃斯兄弟和纳伦德拉认为扎克伯格剽窃了他们的想法，而且把事情告到了哈佛的管理委员会，但是校方并不支持他们的投诉。直到 2004 年 9 月，Facebook 获得泰尔的 50 万美元天使投资之后，他们向波士顿法院提起了诉讼，理由是扎克伯格侵犯了他们的知识产权。

虽然明眼人一眼就能看出这两个网站的不同，但是在漫长的审判期后，陪审团还是认为，扎克伯格至少存在故意拖延时间从而使得 Facebook 在 Harvard Connection 之前上线的行为，造成了不正当竞争。判决结果对扎克伯格不利，具体的赔偿并不被众人所知。但是文克莱沃斯兄弟和纳伦德拉对判决依然不满，而且一直抓住此事不放。直到 2008 年，Facebook 决定用财务手段彻底解决这件事，最终双方达成了一项 6500 万美元的赔偿协议。

事实上，文克莱沃斯兄弟和纳伦德拉自己经营的网站 Connect U（Harvard Connection 后来改的名字）的市值甚至不到这些赔偿的十分之一。

在这件事中，扎克伯格确实因自己害羞的性格吃了苦头，但害羞并不全是坏事，Facebook 早期的一个设计，"捅"（Poke）一下，其实就是害羞的产物。

如果你对一个女孩心生爱慕，而不知道如何表达的时候，"捅"一下这个略显害羞的暧昧动作，将给人无限遐想。这也是"捅"一下这个动作最初在 Facebook 上特别流行的原因。扎克伯格在大学主修心理学，他充分把握住了人们内心的这个"既想说又不好意思"的心理。

扎克伯格略显害羞的外表和他强大的内心并不矛盾，否则在他后来面临维亚康姆集团 7.5 亿美元的收购的时候，他将根本没有勇气拒绝，也不可能带领 Facebook 的团队继续前行。

曾计划出售

2005 年 1 月,《洛杉矶时报》对 Facebook 进行了正面报道之后,除了获得风险投资公司的关注之外,那些处在上游的大型网络公司和媒体集团也开始频繁地接触 Facebook,甚至提出收购 Facebook 的意愿,而收购的价码也不断拔高。

第一个表示愿意收购 Facebook 的是 MTV 音乐电视。在 Facebook 与《华盛顿邮报》进行融资谈判的时候,MTV 音乐电视的战略官丹马克·韦斯特提出愿意以 7500 万美元买下 Facebook,然后把它与旗下的全球音乐电视网(MTV.com)合并。如果接受这个报价,那么扎克伯格相当于 1 年赚了 3500 万美元,但是他不为所动。韦斯特转而决定收购 Facebook 最大的竞争对手 Myspace,虽然这要付出更大的代价。但是很不幸,中途被新闻集团的默多克抢了先。

MTV 音乐电视的母公司维亚康姆集团与新闻集团一直是分外眼红的竞争对手。眼看着囊中之物被人中途抢走,维亚康姆的首席执行官萨莫·雷石东被激怒了,他要求韦斯特马上与 Facebook 重新进行磋商,重新报价,一定拿下 Facebook。

扎克伯格这次提出要和维亚康姆首席执行官级别的人对话,

韦斯特请示了雷石东，而雷石东爽快地答应了这个要求。

　　扎克伯格和科勒飞到纽约参加了这次会晤。尽管雷石东以及维亚康姆的总裁汤姆·弗雷斯顿，还有 MTV 音乐电视的 CEO 朱迪·麦克格拉斯全部与会，但是会谈进行得并不顺利。在弗雷斯顿提出维亚康姆可以帮助 Facebook 开发新的内容时，扎克伯格生硬地回答："Facebook 是一个公用事业，对那些东西不感兴趣。"接着，弗雷斯顿又提出可以帮助 Facebook 增加年纪较大的用户，扎克伯格说："我们只专注于高中和大学。"看来这次谈判注定没有结果。

　　扎克伯格和科勒走后，维亚康姆的高管们一头雾水："他们干吗大老远飞到纽约来？"

　　"也许他们只是想说'感谢厚爱'！"韦斯特调侃说。

　　其实扎克伯格也不完全清楚自己在做什么，他只想抓住资本对 Facebook 感兴趣的这次机会，通过和别人交流学到更多的东西。他并不怕花时间去见投资人，虽然他从没有想过要卖掉 Facebook。在他看来，这就像年轻人只谈恋爱而不结婚一样，谈谈又有何妨。

　　维亚康姆却像吃了秤砣铁了心一般，并不打算放弃。2005 年11 月，麦肯锡的资深顾问迈克尔·沃尔夫加盟音乐电视，坐上了总裁的位置。现在收购 Facebook 的担子落到了他的肩上。

　　他乘飞机去帕洛阿托亲自拜访了扎克伯格，他问道："你是否考虑出售 Facebook？"

　　扎克伯格耸了耸肩膀："我以为雷石东早就了解了我的想法，我不知道他为什么还要派你来？"

沃尔夫笑了笑："没人让我来，我只是根据一个麦肯锡 10 年的顾问经验告诉你，也许你应该考虑考虑这件事。毕竟 Facebook 不可能一直有这么多用户加入，而且到现在你们还没有赢利。"

扎克伯格不置可否。

沃尔夫接着道："到底出什么价格你才会感兴趣呢？"

扎克伯格似乎是为了让沃尔夫早点消失，他说道："我觉得它至少值 20 亿。"这简直是狮子大张口，那时候距离阿克塞尔合伙公司按 1 亿美元估值注资才过了不到半年时间。

扎克伯格的冷淡并没有浇灭沃尔夫的激情，他仍然不断通过邮件和即时通信工具"骚扰"扎克伯格。

2005 年 12 月，在《财富》杂志的一个研讨会上，新闻集团的一个高级战略师在会上讲他们很高兴收购了 Myspace，现在 Myspace 正迎来高速的发展，而且他们对 Facebook 也很感兴趣。这一下触动了沃尔夫的神经，他立刻打电话给扎克伯格，询问扎克伯格是否有兴趣坐维亚康姆的专机去纽约度假，因为飞机这几天正好在帕洛阿托。

扎克伯格想去纽约看看父母，所以爽快地答应了。在飞机上的 5 个小时里，扎克伯格问了沃尔夫很多关于 MTV 音乐电视业务的事情，比如如何赢利，广告怎么收费，等等。沃尔夫则想方设法把话题转到音乐电视和 Facebook 可能的合作中去。不过扎克伯格认为人们看电视的时候，Facebook 的流量将会降低，这不是一个好点子，沃尔夫的小算盘落空了。

"这架飞机真不错。"扎克伯格打断了话题。

"为什么你不考虑把公司卖给我们？那样你会非常富有，到时候你就可以拥有一架自己的飞机了。"沃尔夫说道。

"我真的不需要钱，而且我不觉得我还能想到比 Facebook 更好的点子，在那之前我是不会卖的。"扎克伯格一脸认真地说。就像在说，"我只想和你谈恋爱，而不打算嫁给你"。

沃尔夫这次承认自己彻底失败了，当他把信息反馈给自己的老板后，弗雷斯顿决定给扎克伯格寄封信，里面是收购条款：维亚康姆决定出 15 亿美元收购 Facebook，资金的 51% 以现金给付，其余的部分日后视 Facebook 的业绩表现而定。弗雷斯顿决定用最直接的办法解决这件事，否则他无法向雷石东交代。但是扎克伯格对这封信没有任何反应，沃尔夫后来打了几次电话询问，接电话的都是 Facebook 新任 COO 欧文·范·塔纳，他答应在合适的时间劝说扎克伯格考虑这件事，但是也没有了下文。

就在弗雷斯顿和沃尔夫以为此事石沉大海之时，5 月底《商业周刊》却刊登了一篇名为《Facebook 待售》的文章，据报道称"Facebook 拒绝了不知名买家 7.5 亿美元的收购，但是 CEO 扎克伯格认为 Facebook 至少值 20 亿美元"。

虽然文章中没有提到维亚康姆的名字，但是敏感的竞争者们一定会凭着敏锐的嗅觉找到背后的买家。Facebook 究竟想做什么？维亚康姆并不想让这件没有谈成的交易变得满城风雨、众人皆知。沃尔夫凭着他的直觉觉得这件事可能有转机，这应该是 Facebook 的一种策略。紧接着得到的消息验证了这一切——雅虎正在和 Facebook 接触。

弗雷斯顿有些生气了，看来这个年轻的孩子在和他要手段，"我们必须买下他，你尽快去安排这一切"。弗雷斯顿像雷石东一样下了命令，沃尔夫必须去办好它。

沃尔夫立刻带着他的团队飞到了帕洛阿托，他必须要扎克伯格给出一个明确的说法。

实际上，这次扎克伯格真的打算出售公司了，因为 Facebook 推出的职场网络遭遇了前所未有的失败。除了军队这个特殊群体之外，整个职场网络中的成人几乎没有人注意到 Facebook，更没有多少人注册。套用 Facebook 上一句常用的名言："爱的反义词不是恨，而是冷漠。"这次成人们对开放的职场网络的反应，冷漠得让人心寒。

在这之前，扎克伯格的每一次决策都是对的，这一次失败的打击，让他一下失去了信心。"也许沃尔夫当年说的是对的，Facebook 不可能一直增长下去。也许我应该考虑卖掉 Facebook。"

对于出售，董事会的其他人如泰尔和布雷耶都是支持的，只要能卖个好价钱，所以科勒策划了这次《商业周刊》的报道。而现在鱼已经上钩了，扎克伯格即使还没有考虑好，也没有更好的办法了。

之后，沃尔夫和他的团队，以及扎克伯格、范·塔纳和科勒展开了一轮又一轮的磋商，沃尔夫最终同意把支付额提高到 8 亿，这已经是他的最大权限了，维亚康姆的 CFO 对这笔交易怀有戒心，但是剩下的 7 亿美元的支付方式一直没有办法达成共识。

就在谈判接近尾声的时候，扎克伯格突然莫名其妙地说了一句话："谷歌很聪明，早期没有卖，看他们现在做得多好。"扎克伯格后悔了，就像悔婚的新娘，在典礼前的最后一刻临阵退缩了。

　　Facebook 可能注定与维亚康姆没有缘分，扎克伯格反悔的时候，两个好消息的发布让他不卖的决定得到了董事会的支持。一个是 Facebook 被评为互联网流量第七大的网站；另一个是格雷罗克和美瑞泰克这两家风投公司决定按 5 亿美元估值注资 2750 万美元。

　　在这次收购中，扎克伯格差一点就卖掉了自己的公司，这是年轻的代价，但是经过这次之后，他显然更加成熟和自信了。

最担心公司缺乏创新

如果有人问扎克伯格，最担心 Facebook 会出现什么问题？那么他一定会说他"最担心公司缺乏创新"。

Facebook 是扎克伯格一手创造的产品，但是在开始的时候，扎克伯格并不把它当成唯一重要的项目。他和麦克科伦搞了一个项目——Wirehog。虽然帕克告诉他，Wirehog 可能会因为版权问题而受到起诉，从而给 Facebook 带来麻烦，但是扎克伯格坚持认为，创新是公司的根本，不能只停留在 Facebook 一个项目上，而且所有的鸡蛋也不能放在一个篮子里，说不定将来 Wirehog 会成为另一个和 Facebook 一样成功的项目。

帕克说服不了他。扎克伯格还把德安杰洛、莫斯科维茨以及帕克一起拉进来做 Wirehog 的股东。项目初期，他的很多精力都用在了 Wirehog 上。后来 Wirehog 上线，通过 Facebook 让用户们免费下载使用，但是因为其操作复杂而无人问津，最后扎克伯格亲自取消了这个项目。

Wirehog 的失败，并没有打击扎克伯格的信心，他后来转变想法，提出了平台的概念，最终让 Facebook 能够成为一个像微软或者苹果那样伟大的公司。

不过在那之前，扎克伯格还走过一些弯路，他曾经给Facebook编了一个程序，该程序可以让手机短信与Facebook页面连接起来。这个创意很好，而且iphone和黑莓已经率先应用了这一技术。但是等扎克伯格研究出来之后，这个程序同样因为用户记不住操作方法而搁浅。

接连的失败让扎克伯格明白，简单才是最重要的，所以他让阿伦·西锡格清理代码，简化页面，形成了Facebook最早的蓝色简约风格。这是Facebook成功的一个主要原因，"它简单得傻瓜都能操作"。

后来公司的规模越来越大，Facebook需要更多的人才加入，而在猎头罗宾·里德看来，Facebook的管理无序而且混乱。雷德建议扎克伯格学习管理方面的知识，扎克伯格从善如流，找了Facebook人员最齐的日子宣布"金盆洗手"，他以后不再亲自编写代码了。

但是扎克伯格仍然每天和工程师们泡在一起，说出自己的想法，让工程师们去实现。后来工程师们在扎克伯格引导下，推出了"墙"和"群组"等功能。那时候扎克伯格更像一个产品总监，而不是CEO。虽然有莫斯科维茨这个工程副总裁在，但是扎克伯格对程序开发仍然喜欢指手画脚。

后来公司决定上线图片功能，这时正巧新的产品副总裁道格·赫什加盟，扎克伯格让他带领工程师斯科特·马利特以及阿伦·西锡格开发图片功能。那是第一个没有扎克伯格亲自参与开发的项目，而且图片功能获得了巨大成功。

扎克伯格认识到自己应该放权了，也许自己应该只关注整体方向的问题，而不是具体的产品。但是必须要让工程师们保持创新的精神才行，否则 Facebook 一定会输给对手。他要求工程师们主动设计和开发新的项目，虽然一开始这么做并不容易，但是好友德安杰洛的加盟让这种独立设计和开发的想法成为可能。

德安杰洛和克里斯·考克斯独立想出了"动态新闻"的点子，并且用 8 个月的时间把它变成了一个出色的产品。假如没有德安杰洛，扎克伯格甚至不知道让谁去完成这一切。扎克伯格真的很幸运，他拥有德安杰洛这样的人才。他马上把德安杰洛提升为首席技术官，并且在公司内部鼓励创新，让大家向德安杰洛学习。

后来德安杰洛不负众望，带领查理·奇弗完成了 Facebook 跨时代的平台搭建工作，使得公司内部和公司外部的工程师或电脑爱好者们都可以通过这个平台，利用开放代码编写程序。从此 Facebook 上多了 25000 多个有效应用。

正是创新，让 Facebook 迎来了快速增长；也正是创新，让 Facebook 成为一个真正意义上的社交网络平台，在这个平台之上，拥有无限可能。

扎克伯格说："缺乏创新会让我们进退维谷。一旦规模变大，你会停止前进。我们始终在思考如何尽量保证团队的精干，保证新人在加盟 Facebook 以后，可以继续开发伟大的产品。"而对于平台，他则希望"Facebook 能给那些勇于创新的人们提供一个机会，一个能让 Facebook 和社交网络变得更加美好的机会"。

第六章
投资者眼中的红人

彼得·泰尔投资 Facebook 的时候，它价值 500 万美元；吉姆·布雷耶投资的时候，它价值 1 亿美元；微软和李嘉诚投资的时候，它价值 150 亿美元；高盛和俄罗斯数字天空技术投资集团的尤里·米尔纳投资的时候，它价值 500 亿美元。天哪！Facebook 甚至还没有上市。

入股好，更要入股早

彼得·泰尔是 Facebook 的第一个真正意义上的投资人，彼得·泰尔的投资可以说非常具有戏剧性。

2004 年夏天的一个晚上，泰尔接到了好友雷德·霍夫曼的电话。"彼得，好久不见了，我听说你一直在找好的投资项目，我这里有几个年轻人搞的一个神奇的网站，也许你会有兴趣。"

泰尔是在线支付网站 PayPal（贝宝）的创始人之一，2002 年 PayPal 上市，后被 eBay 用 15 亿美元收购。通过出售股权，PayPal 的很多早期员工都获得了非常大的收益。泰尔和霍夫曼都曾经是 PayPal 的一员，他们这些人形成了一个小的亚文化圈，作为天使投资人寻找投资的项目。

霍夫曼的电话让泰尔提起了兴趣。"好吧，和我说说这个网站叫什么名字？我得花点时间了解一下，如果真的是个不错的项目我会考虑的。"

"对不起，你可能看不到这个网站，事实上我也没有看到。它叫 Facebook，是一个校园的社交网站，目前只对大学生开放，所以我们看不到它。但是它真的很了不起，相信我，投资它你一定不会后悔。"霍夫曼说道。

"你是说让我给一个甚至我都上不去的网站投钱？究竟是我疯了还是你疯了？"泰尔语气略带嘲讽。

"好吧，告诉你一件也许你会在意的事情，肖恩·帕克在那里。"霍夫曼似乎早就料到了泰尔的反应，他知道怎么打动泰尔。

"帕克？那个有趣的小子。好吧，你帮我安排一个时间，我想在我的办公室里见见你说的这些年轻人。"

几天后，扎克伯格、帕克还有他们的新律师斯蒂夫·温内托受邀去泰尔的办公室。而霍夫曼和他的助手也早早到了泰尔那儿去等待这些年轻人。

秘书通报之后，扎克伯格穿着他那标志性的 T 恤衫、牛仔裤和阿迪达斯的橡胶人字拖走在前面，一向帅气潇洒的帕克则穿着西服打着领带紧随其后。对于这样一对组合，泰尔确实充满了好奇。

实际上早在 Plaxo 时期，泰尔就认识了帕克。对于这个名声不好却又才华出众的年轻人，泰尔很感兴趣。是什么让帕克和扎克伯格走到一起的呢？看样子 Facebook 真正的决策者是扎克伯格，帕克更像是他的助手。

扎克伯格那个极具个性的名片 "CEO" 恰恰印证了这一点。"那么帕克？"泰尔问起帕克的职务时，扎克伯格对泰尔说："肖恩是 Facebook 的总裁，全权负责一切对外事务。"

帕克脸上的惊讶一闪而过，显然在此之前他并不知道扎克伯格的这一决定。不过既然扎克伯格说了，那么他就得全力以赴。两次被公司抛弃的经历，使帕克对融资这种事一直保持着相当的谨慎。但是泰尔和霍夫曼不同，在帕克离开 Plaxo 的时候，他们理解和帮助过帕克，所以帕克决定向他们争取第一轮融资。

整个项目描述过程都是帕克在讲，扎克伯格则安静地在一旁倾听，偶尔发现有些地方讲得不够完整，他做几句简单的补充。帕克不厌其烦地向泰尔描述 Facebook 的发展，短短几个月的时间，Facebook 就已经拥有了 20 万注册用户，而且这些人的黏着率很高，他们花大量的时间在 Facebook 上添加朋友、浏览简介，Facebook 成了这些人生活中重要的一部分。

除了现有的 34 所大学和 20 万用户之外，还有大量的学校在等着加入 Facebook，他们已经收到了几百个学校的请求。由于服务器的原因，他们必须放缓自己的发展脚步，这也是他们寻求融资的原因。当然，帕克也暗示了扎克伯格并不打算出售太多的股份，因为对这样一个创业的公司来说，出售过多股份并不是一件好事，他们需要保持充分的独立性。

彼得·泰尔对于社交网站其实是有充分了解的，雷德·霍夫曼创办 LinkedIn 的时候，泰尔就投入了大量的资金。泰尔做风投，很多时候不仅仅是看项目，更多的是在看人。

显然他想更多地听听扎克伯格的想法，听完了帕克的介绍后，泰尔把目光转向了扎克伯格："能告诉我你究竟想把 Facebook 办成什么样吗？"

扎克伯格显然有些害羞："你也看到了，Facebook 是基于大学邮箱注册的实名社交网络，在这里每个人都是真实的，这是和其他所有网站最大的不同。实际上你可以在 Facebook 上做任何事，就和在现实中一样。我们只是用一种更简单方法把人们联系起来。"

扎克伯格看了看泰尔的反应，继续说道："实际上，我觉得Facebook 的未来应该是一个公用事业，也许它并不酷，但是任何人都离不开它。"

"公用事业"用在这时的 Facebook 上可能略显大而无当，但是这是扎克伯格真实的想法，在他的心里从来没有把 Facebook 仅仅当成一个网站这么简单。

不过，扎克伯格简单的回答给了泰尔充分的信心，他已经决定投资 Facebook 了。剩下的问题就是技术性的细节了，比如如何估值、购买多少股权、资金支付方式，等等。

扎克伯格在这方面一窍不通，谈判由帕克全权代表，而律师温内托则对具体的权利义务分配及风险评估提出意见。

"对不起，你可以给我解释一下刚才那个词的意思吗？"扎克伯格不时地向泰尔询问一些行业术语的具体内涵，他并没有不懂装懂，而是把这当成一次学习。

经过不到 1 个小时的时间，泰尔和扎克伯格以及帕克达成了协议，泰尔向 Facebook 投入 50 万美元以购买 Facebook 公司 10%的股份。这就意味着，Facebook 这个扎克伯格在宿舍中搞出来的，仅仅运行了几个月的项目，现在已经价值 500 万美元了。

即使这样，帕克起初还是觉得这个估值有些低，他认为Facebook 应该更加值钱。但是现在的 Facebook 因为萨维林的阻挠甚至连一个清楚的账目都没有，因此这已经是他能找到的最好的投资了。

扎克伯格则不在乎这些，他关心的是开学之后，服务器马上就跟不上了，有了这 50 万美元他就可以买更多的服务器，把

Facebook 推向更多的学校。

凭借这 10% 的股份，泰尔将进入 Facebook 的董事会，虽然他并不打算干涉 Facebook 的发展，但是他在互联网公司的丰富经验足够做扎克伯格和帕克的导师了。

事后证明这是一个真正双赢的投资，在 Facebook 后来的发展中，彼得·泰尔一直支持着扎克伯格。泰尔的好朋友雷德·霍夫曼以及马克·平卡斯也注入了小额投资。帕克觉得这是一件白捡到的便宜，因为霍夫曼和平卡斯二人拥有社交网站核心技术的专利执照，他们成为 Facebook 的投资人将大大降低未来这一专利因为被转让而制约 Facebook 发展的风险。

平台优秀难取代

2005 年年初的时候，Facebook 已经在全美的 370 所大学开放，拥有 200 万用户。1 月 23 日，《洛杉矶时报》在首页刊出了有关 Facebook 的报道，这是大学校报和网站之外，第一次有主流媒体对 Facebook 进行重大报道。

《洛杉矶时报》使 Facebook 真正进入投资人的视线，而泰尔在 Facebook 独具慧眼的投资也逐渐让有些人眼红了。

《华盛顿邮报》的收购和投资部高级经理克里斯通过女儿的描述知道了 Facebook。在 2004 年年末，克里斯对 Facebook 进行了一次拜访。2005 年 1 月扎克伯格和帕克到《华盛顿邮报》的总部继续和克里斯进行会谈。正当他们在会议室里讨论 Facebook 项目的时候，一个人不小心推开了会议室的门。

"对不起，我以为这个会议室没有人在用。"那人说完就准备离开。

但是克里斯站了起来，因为推门进来的人是《华盛顿邮报》的首席执行官丹·格雷厄姆。"先生，请允许我给你介绍一下，这两位是 Facebook 的首席执行官马克·扎克伯格先生和总裁肖恩·帕克先生，这位是……"

帕克站了起来，"不用介绍了，格雷厄姆先生是美国商业界家喻户晓的人物。很高兴认识您！"帕克向格雷厄姆伸出了手。

格雷厄姆边和帕克握手边笑着说："看来我得坐下听听你们的会议了，说实话我对 Facebook 很感兴趣。"

"谢谢您！格雷厄姆先生，很高兴认识您！"扎克伯格略显腼腆。

扎克伯格向格雷厄姆简单地描述了 Facebook 的概念，包括当时 Facebook 所能实现的各种功能以及大学生们对 Facebook 的喜爱。格雷厄姆显然对 Facebook 墙和群组功能所带来的互动评论功能充满了兴趣。

当扎克伯格说完之后，格雷厄姆打开了他的话匣子。"现在我仍然记得我在哈佛克里姆森报学会的事情，那时候编辑室有两个大方格的分类笔记本，一个本子用来做报摘，每天报纸上的文章会被剪下来粘贴到这个本子中；另一个本子上，记者和编辑们会写下对那些文章的评论。要知道想成为一个合格的编辑没有捷径，如果非要说有的话，就是认真阅读那上面的每一篇文章。那时候的我求之若渴，每天从阅读评论中学习各种知识。我时常想通过什么办法，可以复制这套方法。看来，你轻松地做到了。"格雷厄姆拍了拍扎克伯格的肩膀，"听我说年轻人，这简直是一个令人惊叹的商业点子，你应该好好把握它。"

接着，格雷厄姆对扎克伯格和帕克讲述了《华盛顿邮报》的历史，以及格雷厄姆家族如何接受巴菲特投资，但又努力避免资本对《华盛顿邮报》的发展决策造成过多影响的事情。在谈话的结束时，格雷厄姆意味深长地对扎克伯格说："马克，最终，你可能不会接受我们提出的条件，但是如果你想要一个非风险投资方，或者是一个不会向你施压的投资方，我们或许有意向你的公司注资。"

扎克伯格在回加州的飞机上认真回想格雷厄姆说过的每一句话，实际上在来华盛顿之前，已经有很多的硅谷风险投资公司找到了扎克伯格或帕克。因为有帕克的前车之鉴，所以扎克伯格对吸收风险投资一直保持着谨慎和小心，而与格雷厄姆的谈话恰恰解开了他的困惑。

由于得到了扎克伯格的默许，帕克与《华盛顿邮报》的谈判加速进行。

当然作为一种商业谈判的策略，帕克并没有拒绝其他风险投资公司的示好。在一个多月的时间里，帕克共与12家风险投资公司和4家大型科技企业进行了接触。但是扎克伯格和帕克都知道，《华盛顿邮报》才是他们真正想要的投资方。帕克认为，这时Facebook 的估值应该在 4000 万至 6000 万美元之间，当然最终的价格取决于双方的博弈。

就在《华盛顿邮报》讨价还价的时候，维亚康姆突然横插一脚，表示愿意以 7500 万美元买下 Facebook。扎克伯格当然不打算出卖 Facebook，因为 Facebook 就像他自己的孩子一样，但是聪明的帕克还是巧妙地让《华盛顿邮报》从其他渠道了解到了这个消息。

这下《华盛顿邮报》方面开始着急了，毕竟筹备了三个多月的事情，如果中途被人抢先，岂不前功尽弃。3月底的时候，《华盛顿邮报》寄给 Facebook 一张条款说明书，它"将注资 600 万美元以换取 Facebook 公司 10% 的股份"。换句话说，Facebook 的市值将达到 6000 万美元。信件是帕克打开的，当他告诉扎克伯格这一消息的时候，连一向对金钱没有概念的扎克伯格也有些兴奋了："这上面的意思是说，事前 5400 万美元是吗？"

帕克笑了笑，因为扎克伯格已经开始熟悉风险投资的行话了，看来这段时间他们被风险投资已经麻烦得不轻了，是时候结束这一切了，"怎么样，接受吗，马克？"

"当然！对了，肖恩，等等，我还有一个要求，你一定要帮我办到。我希望丹·格雷厄姆先生能够作为公司董事。"扎克伯格提出了最后一个谈判要求。

因为从泰尔成为公司的董事后的表现来看，一个经验丰富的成功企业家显然能够给 Facebook 的发展带来更大的帮助。而就格雷厄姆先生在美国商界的地位来说，他实在是这个董事席位的不二人选。

但是就是这个看似简单的条件，让《华盛顿邮报》方面迟迟不能签订协议。格雷厄姆虽然对 Facebook 感兴趣，但是报社的事务实在太忙了，他很可能无法抽出时间来顾及 Facebook 的事情。而扎克伯格在这个事情上则充分表现出他执拗一面，除了格雷厄姆，其他人免谈。

最终，扎克伯格通过电话和格雷厄姆达成了协议，《华盛顿邮报》不干涉 Facebook 的发展，所以他们的注资仅仅得到 10% 的股权，不包括董事会的席位。

诸事已定，扎克伯格和帕克准备乘飞机去华盛顿签约，这时，《华盛顿邮报》的一个高层谈判代表的父亲去世了，所以签约往后推迟了几天。俗话说，好事多磨，谁会在乎这几天时间呢？

但是世事难料，《华盛顿邮报》的注资计划就因为这几天而彻底改变了。

峰回路转的融资

　　谁说小人物不能改变历史？凯文·埃法西，阿克塞尔合伙公司的一个不知名的合伙人，就像蝴蝶扇动翅膀般不经意地改变了Facebook 的融资历史。

　　2004 年年末阿克塞尔合伙公司正处于困境之中。那时候网络资产泡沫严重，阿克塞尔这家著名的硅谷风险投资公司最近的几笔交易几乎均告亏损，而之前的投资又没有一个能在短期之内带来收益，他们最大的投资方——哈佛大学捐赠基金正在准备撤资退出。普林斯顿和麻省理工的基金管理方也表达了同样的意思。阿克塞尔的创始人吉姆·布雷耶为此精神萎靡，焦头烂额。

　　布雷耶让公司的合伙人埃法西去寻找新创立的拥有极大发展潜力的公司，虽然他对埃法西完成这一任务并不抱太大的希望。

　　埃法西从一个实习员工那里听说了 Facebook，然后他从斯坦福大学的一个朋友那里搞到了一个以 edu 为后缀的邮箱，然后他登陆了 Facebook。"这不过是一个校园花名册而已。"埃法西想。事实上，一个在商场摸爬滚打几年的人很难被这种"小儿科"的社交网络所吸引，而且他没有好友，这是他不感兴趣的最大原因。埃法西差点就要放弃 Facebook 了，但他还是决定去斯坦福听听大学生们的意见。

调查的结果大大出乎他的意料，校园里没有人不知道
Facebook，几乎所有的人都在用 Facebook，而且很多人每天花大
量的时间在 Facebook 上与自己的好友交流。埃法西简直有些吃惊
了，到现在为止，他还没有见过有哪个网站对其用户有这么大的
吸引力。

然后他发动同事看看谁还有朋友或兄弟姐妹在读大学，结果
更加让他吃惊。Facebook 被那些上大学的家伙们谈论得甚至比任
何一个词汇都多。没有加入 Facebook 的大学在排队等候加入，而
学校加入 Facebook 的那天，有些学校的学生们甚至像节日一样大
肆庆祝。

"如果还不去投资 Facebook，这将是我这一生做过的最蠢的
事情。"埃法西对自己说，然后他开始托各种各样的关系想和
Facebook 的人建立联系。

很不幸，扎克伯格和帕克正在全力以赴和《华盛顿邮报》谈
判，对埃法西这个名不见经传的风险投资人，他们甚至连见一下
的意思都没有。

但是埃法西是那种不撞南墙不回头的人，他先后找了肖
恩·帕克、马特·科勒，甚至希望雷德·霍夫曼引荐，他打过电
话，发过邮件，但是 Facebook 方面总是想方设法拖延，甚至约好
了时间也拒而不见。

这下埃法西的倔劲儿上来了。"好吧，你们不肯见我，那么
我就主动送上门去吧，毕竟两家公司都在帕洛阿托。"埃法西的
到访，显然撞上了一个不错的时机，那天正是扎克伯格和帕克准

备去华盛顿而未能成行的日子。

在 Facebook 满是涂鸦的新办公室里，埃法西见到了马特·科勒。是的，这次科勒没有办法躲开了，虽然他早就从霍夫曼那里知道了埃法西，但是他更在乎扎克伯格的意见，而且他知道扎克伯格对此毫无兴趣。

在一番例行的会议之后，科勒礼貌地送走了埃法西。他甚至觉得埃法西一定不会再回来了，因为他刚才撒了一个谎，说扎克伯格和肖恩都生病了而且不在。但是在埃法西离开前的一刻，他们两个刚刚睡醒，梦游般地出来找吃的东西。

科勒显然低估了埃法西的抗挫折能力，他回去之后立刻打电话过来，"马特，"埃法西套着近乎，"听我说，今天的会议我真是太有收获了，Facebook 真是一个不错的项目，我已经和吉姆·布雷耶说过了，希望星期一你们能来参加我们的合伙人会议，到时候我们一定会给你们一个满意的报价。"

科勒觉得自己听错了，他不知道这家伙哪来这么大的干劲，像打了鸡血似的。

即使这样，扎克伯格、帕克和科勒还是如期出席了阿克塞尔公司的合伙人会议。扎克伯格还是穿着他的 T 恤、牛仔裤和人字拖，帕克和科勒为了配合扎克的风格同样选择了休闲的衣服，他们甚至没有带幻灯片和其他任何资料。只有帕克向阿克塞尔公司的合伙人们做了简单陈述，扎克伯格甚至都没有发言。

即使这样，布雷耶通过他的投资敏感还是觉得这是一个非常好的机会，有了它，也许阿克塞尔公司最终会咸鱼翻身。当天下午，埃法西就起草了投资计划书，然后在第一时间发给了帕克，

6000 万估值，但是阿克塞尔公司会注入更多的资金，埃法西觉得这个价格一定能打动他们。

但是帕克仅仅回了一封电子邮件："感谢厚爱！"然后就没有了下文。

埃法西在焦急地等待帕克的回音的时候，帕克已经被阿克塞尔公司的计划勾起了他谈判的欲望，"为什么不呢？说不定能获取更大的利益"。帕克又开始耍起了他的老手段，他把阿克塞尔公司的报价告诉了德丰杰公司（世界知名的风险投资公司），德丰杰表示愿意出同样的条件。

在第二次谈判的时候，帕克则告诉埃法西，德丰杰公司会出一样的条件，而阿克塞尔公司在名气和实力上并不比德丰杰具有优势。

埃法西显然太想达成这笔交易了，甚至没有经过合伙人会议的同意，他就把估值增加了 1000 万。

"好吧，埃法西，听我说，马克一定不会接受这个估值的，你还没有真正了解 Facebook，现在它至少值 1 亿美元。"帕克说这话的时候表现得像一个十足的奸商。

第二天下午，埃法西带着一封投资条款说明再次来到 Facebook 的总部，上面写着估值 1 亿美元，投资额 1270 万美元。

帕克显然被这上面的数字吓到了，昨天他不过是虚张声势而已，谁会想到有疯子真的按照 1 亿美元估值去注资。除了接受难道还有其他更好的办法吗？帕克恨不得马上接受条款。

扎克伯格知道这一切的时候，首先想到的是《华盛顿邮报》方面，毕竟他已经答应了格雷厄姆。高出将近 1 倍的估值，更多的投资和一个还没有达成的交易之间必须做出选择。扎克伯格陷入了选择道德和利益的两难境地，最后他选择给格雷厄姆打个电话，问问他的看法。在潜意识里，他觉得如果格雷厄姆不同意，他一定不会接受这个条件。

但是格雷厄姆并没有责备扎克伯格，他对扎克伯格能给他打电话询问他的意见表示高兴，至少这证明扎克伯格是一个诚实守信的人。《华盛顿邮报》可出不起阿克塞尔公司那么大的价钱，格雷厄姆希望扎克伯格考虑清楚风险投资对公司发展的影响之后自己做出选择，而不用担心道德的束缚。最终，扎克伯格决定接受阿克塞尔公司的投资，但是同时他在心里把格雷厄姆当成了自己的导师和值得尊敬的人。

帕克为公司的股权结构设立了新的规定，布雷耶将和之前投资的泰尔一样拥有一个董事会席位，帕克自己拥有一个，而扎克伯格则控制两个董事会席位。这样扎克伯格和帕克就能在董事会中保持 3 票的多数，而不会被投资方左右。这是帕克为保护扎克伯格和 Facebook 而做的最重要的决定。

非主流投资之道

　　Facebook 在 2006 年年初进行了第三轮融资，这次公司的估值达到了 5 亿美元。2007 年微软注资 2.4 亿美元获得 Facebook 1.6% 的股权之后，公司估值被推到了 150 亿美元的新高。

　　这时候，风险投资公司一方面对 Facebook 保持了充足的兴趣，一方面高估值也让很多公司望而却步。毕竟这时候风投进入，是否还能带来更高的利润回报，完全是一个未知之数。

　　2009 年 1 月，俄罗斯数字天空技术投资集团（Digital Sky Technologies Investment Group，简称 DST）的 CEO 尤里·米尔纳却决定在这个风口浪尖上投入 Facebook。

　　米尔纳打过一个有趣的比喻，"早期投资，就像大海捞针，我们必须在成百上千家公司中选择那些为数不多的、值得投资的公司。做晚期投资就不同了，值得我们投资的公司全球可能只有 30 家左右，它们就像草原上的大象或者长颈鹿，即使在很远的地方站着也能看到，不像小公司那样必须俯身观察。"这就是米尔纳的投资之道。

　　就像米尔纳自己所说的那样，他在互联网领域发现了 Facebook——一个价值百亿的庞然大物。当然他关注 Facebook 还有其自身的理由，DST 旗下公司几乎控制着 75% 的俄语互联网，其中最大的电子信箱服务网站 Mail.ru 曾由米尔纳一手打理。米尔纳对互联网有充分的研究，他当然知道 Facebook 对互联网来说意味着什么。

米尔纳是那种想到就做的人，他打电话给 Facebook 的 CFO 吉迪恩·余。

作为 Facebook 当时的 CFO，余差不多每天都会接到各种投资者打来的电话。"我怎么知道你是认真的？"余问道。

"我从俄罗斯打电话过来，当然不是为了浪费您的时间。好吧，如果需要诚意，我可以亲自去拜访。"米尔纳说话一向直接。

"米尔纳先生，我收回刚才的话，事实上您完全不用为了见上一面而大老远赶来。我的意思是您对 Facebook 是不是真的了解，或者我先发一些我们的资料给您，然后我们再做进一步的沟通是不是好一点？"余不知道是不是得罪了这个俄罗斯互联网界最有权势的人。

"完全不用这么麻烦。"米尔纳挂断了电话，然后就驱车去机场买了一张去加利福尼亚的头等舱机票。

第二天上午 11 点，当余走进帕洛阿托 Facebook 总部旁的咖啡屋时，米尔纳和 DST 伦敦办公室的负责人亚历山大·塔马斯已经在喝红茶了。

米尔纳曾经就读于美国宾夕法尼亚大学沃顿商学院，在世界银行工作过。虽然是俄罗斯人，但是他对美国的文化和美国人所喜欢的谈判方式有着非常准确的把握。余和米尔纳相谈甚欢，但是他也表示了一种担心，至少在现阶段，扎克伯格可能还没有考

虑过下一轮融资。毕竟上一轮融资中，微软的注资已经完全足够
Facebook 的运营，而且雪莉·桑德伯格领导下的广告业务正在快
速增长。扎克伯格现在更关心的不是资本，而是海外市场的
开发。

"那好，我就和扎克伯格谈谈 Facebook 在俄罗斯的业务吧！
我想你一定能让我见到他的，是吧？"米尔纳对余说道。

余站起身在一个角落给扎克伯格打了电话。

那时，扎克伯格正在考虑如何让 Facebook 进入那些"盲
区"——德国、西班牙、俄罗斯、巴西、日本、中国以及东南
亚……这些国家和地区不是 Facebook 进入之前就已经有了成熟的
社交网络，就是有 Facebook 的模仿者大行其道。扎克伯格对
Facebook 有充足的信心，而且网上早已经有了这些国家语言的版
本，但是文化是一个不可绕过的问题。

通过李嘉诚先生的关系，Facebook 在东南亚正在逐渐打开市
场。"也许其他地方也应该这样做。"扎克伯格想着。正在这时，
余的电话打了过来，扎克伯格听到 DST 米尔纳的名字，便对这个
见面的提议欣然应允。

米尔纳在扎克伯格的办公室和扎克伯格见了面。扎克伯格比
他想象中更加年轻，也略显稚气，但是不论谁在一个这样轻的年
纪创造了 Facebook 这个价值百亿的网站，都不可能被人轻视。

米尔纳介绍了自己和塔马斯，然后单刀直入："我想代表俄罗
斯数字天空注资 Facebook，至于注资比例、估值什么的，都可以
让下面的人去谈。我听说你很关心 Facebook 进军海外市场的事
情，我可以和你聊聊俄罗斯 VKontakte（结交网）的情况，正巧

我也是 VKontakte 的主要股东。"

对于米尔纳的谈话方式，扎克伯格多少有些不适应，他感觉自己在气势上被米尔纳压制住了。"我对 Facebook 的产品非常有信心，模仿者永远都只能是模仿者。"扎克伯格的语气并不友善。

米尔纳笑了，他只是不喜欢绕弯子而已，并没有想要伤害扎克伯格自尊心的意思。"实际上我有一个想法，就是现在每隔 12 至 18 个月，人们在互联网上彼此分享的信息就会翻一倍。将来人们一定会越过谷歌这样的通用搜索引擎，依靠社交网络上的朋友获取信息、做出决策。只要用户选择、搭建好自己的社交网站，它将负责过滤一切。这才是 Facebook 这样的社交网络未来的方向。"

"天哪，米尔纳居然和自己有一样的想法。"扎克伯格想着，而这正是他认为 Facebook 有一天可以超过谷歌的优势。扎克伯格一下对米尔纳开始感兴趣起来，他真的只是一个投资人吗？扎克伯格对米尔纳的态度一下转变了。"那么您用过 Facebook 吗？"

"当然，我在英语版本的时候就已经在用 Facebook 了，在上面有差不多 50 个好友。不过我必须得说，在俄罗斯市场，VKontakte 拥有更多的用户，差不多占到网民的 50% 以上。Facebook 不错，但是它在海外市场的发展还不够快。如果 Facebook 想在俄罗斯达到 VKontakte 的规模，还需要很多时间和合适的策略。"米尔纳虽然没有明说，但是已经在暗示他正是那个可以达成合适策略的人。

"既然 DST 已经是 VKontakte 的最大股东，为什么还要投资 Facebook，难道不怕造成竞争吗？"扎克伯格问。

米尔纳几乎没有犹豫地回答："竞争是不可避免的，不管我们是否投资 Facebook。这样与其让别人做，为什么不让我们自己来呢。而且我看好 Facebook，如果说 VKontakte 在现阶段是俄罗斯本土的社交网络，那 Facebook 一定是全世界的。在全球一体化的今天，俄罗斯不能避免，DST 当然应该顺应潮流。"

扎克伯格听完一脸兴奋，这不仅仅是因为米尔纳对 Facebook 的表扬，更是因为米尔纳和自己对未来的社交网络发展有着一样的想法。所以扎克伯格开始像平时和工程师们聊天那样，和米尔纳聊起了关于互联网、社交网络以及 Facebook 的各种问题。这时候他已经忘记了米尔纳是潜在投资人这件事了。

而米尔纳也没有让扎克伯格失望，他的一些独到想法，比如 Facebook 最终会促进人工智能的发展，让扎克伯格觉得惊叹，他承认米尔纳在科学方面的想象力比自己走得更远。

两人相谈甚欢，甚至没有聊到注资的事情。但就是这样一次聊天，让扎克伯格觉得和米尔纳建立了非常不错的友谊，当然也包括在 Facebook 上面。4 个月后，DST 宣布注资 2 亿美元获得 Facebook 公司 1.96% 的股权。

整个投资界吃了一惊，《俄罗斯人入侵硅谷》成了很多报纸的头版标题。当然米尔纳并没有止步，在这次投资之后，他又陆续从 Facebook 的雇员和投资者手中收购 Facebook 的股份，并且跟进了高盛的下一轮注资。最终，DST 持有 Facebook 的股份高达 8.2%。

第七章
从大男孩到真正的管理者

没有人是天生的管理者，马克·扎克伯格也不例外。但例外的是，他知道如何给自己找一个二把手，而且还有许多比他经验丰富得多的人在做扎克伯格的顾问。

他崇拜乔布斯，也崇拜比尔·盖茨，但是Facebook现在面临的最大的竞争对手是谷歌，扎克伯格知道他将迎来与谷歌的命中之战。

从大男孩到 CEO

　　扎克伯格创造了 Facebook，但是他从没有想过要当 CEO。

　　他是一个电脑天才，只对编程感兴趣，所以在创造出 Facebook 之后他又投身去研究 Wirehog。

　　他是一个中途辍学的大二学生，所以早期的 Facebook 办公室仍然保留了大学宿舍杂乱无章的传统。

　　但是扎克伯格很幸运，他这个 CEO 一开始有萨维林，后来则是帕克帮他处理了很多公司架构以及资本经营的工作。

　　不过，他不可能一直在别人的帮助之下成长。2005 年年底，帕克因为涉嫌持有可卡因的丑闻黯然离开了公司，扎克伯格那时显得很无助，不知道自己能够相信谁。虽然莫斯科维茨在关键时候总站在自己这一边，但是对于公司管理和资本运作，他甚至比扎克伯格还一窍不通。

　　令人头疼的是，偏偏那时候资本蜂拥而至，先是 MTV（音乐电视），之后是 MTV 的东家维亚康姆、国家广播公司、微软、雅虎、新闻集团、时代华纳……

　　这些处于行业顶端的巨型公司用贪婪的眼光看着 Facebook，就像盯着盘中美味。而 Facebook 的竞争对手 Myspace 刚刚被默多克的新闻集团收购，Facebook 的命运究竟会怎样？一切都取决于扎克伯格的选择。

扎克伯格一方面打定了绝对不卖 Facebook 的主意，一方面像个大男孩般天真地认为：即使见见这些投资人也不会有什么影响。他把这些和投资者们的会见当作一次次谈判的尝试和学习的机会。那段时间，他几乎每天都在 Facebook 的办公室接待这些人。

Facebook 的办公室是开放的，扎克伯格甚至没有封闭的办公室，这些投资人的出出进进触动了办公室里其他人的神经。扎克伯格的行为给为 Facebook 工作的那些年轻人带来了恐慌，他们觉得扎克伯格决定卖掉 Facebook，甚至有传闻说扎克伯格会拿上大笔美元然后抛弃他们，这样，他们辍学来到这里与扎克伯格一起奋斗将变得毫无意义。

我们将成为新闻集团的人，抑或是维亚康姆的人？未来会怎样？我们会变得有钱，抑或是被裁员？那些年轻人想到这些问题的时候根本无法工作，他们甚至在想是不是该让莫斯科维茨或者别的什么人代替扎克伯格去做 CEO。

但是扎克伯格显然并没有意识到这一切，即使意识到了，他也不打算做解释。这就是他的性格。"我没有打算卖掉公司，他们为什么要担心呢？"扎克伯格一定会这么说的。

事实上，这时候公司面临的问题远比这个复杂得多。扎克伯格从亚马逊挖来了欧文·范·纳塔做商业开发副总裁，后来任命他为 COO。但是帕克走后，公司里的大部分人显然还没有做好接受这个新任二把手的准备，甚至扎克伯格自己也并不完全信任范·纳塔，仍然把主要的权力都留在自己手里。

而猎头罗宾·里德从雅虎挖来的分管产品的副总裁道格·赫什则不经意地分裂着 Facebook。赫什仍按雅虎的那一套办法来运作 Facebook，希望做出能尽快挣钱的产品，但这显然和扎克伯格先发展网络的想法是背道而驰的。而且赫什以为"他是来担任未成年人的监护工作的"，他要帮这些年轻人当家，而未来自己将成为 CEO 的候选人。他介入了太多产品之外的事务，甚至和谷歌等公司进行了未授权的谈判。

猎头罗宾被扎克伯格聘来做 6 个月的全职工作，帮助公司招聘到需要的人才。在和扎克伯格接触的过程中，她喜欢上了这个略显羞涩的大男孩，她想帮助扎克伯格成为一名合格的 CEO，而扎克伯格也私下称她为导师。罗宾以一个旁观者的角度看到了 Facebook 公司中发生的一切。"公司的士气正在跌落，流言满天飞，而马克没有对任何人说他想做什么。公司里简直一团糟。"

罗宾决定在扎克伯格从纽约回来之前，中途拦下他，告诉他这一切。但是扎克伯格的飞机晚点了，凌晨 2 点的时候他们才见面。在一家通宵营业的餐厅里，罗宾发泄着她的不满："马克，听我说，不要胡闹了，好吗？如果你决定卖掉公司，可以叫欧文去谈，不管是 10 亿还是 20 亿，说出来，他会去争取拿个价格。如果你不想卖，那就必须让公司的人知道。你知道公司现在变成什么样了吗？"

"我不打算卖掉公司。"扎克伯格不紧不慢地说。

"那就停止这一切。"罗宾毫不客气地"命令"道，"你最好上课学学怎么当一个 CEO，否则这会给公司带来致命的麻烦。"

"你现在终于跟我说实话了,"扎克伯格笑道,"这是你的真实想法,很好。帕克走后我一直在找一个能够真正关心我、替我着想的人,现在我找到了。放心,我会照你说的去做。"

在接下来的几个星期里,罗宾看到了扎克伯格的变化。扎克伯格找了一个高管辅导老师学习如何做一个有效率的领袖;然后他和公司所有高管们分别做了一次一对一的会谈,倾听他们的想法;最后他召开了一次全体员工大会,告诉他们:"公司的目标,增加网站使用率。而 Facebook 永远不会被卖掉。"

下面的年轻人欢呼了起来:"我爱你,马克!"

"好样的!我们就知道你不会卖掉 Facebook!"

"现在我们还等什么,我们得去编写程序了,那些大学和高中的俊男靓女们正等着我们呢!"

一场危机就这样化解了,扎克伯格突然觉得当 CEO 也许并不是一件多么困难的事情,只要你用心去了解公司里每一个人的想法,只要你让他们知道你想干什么,一切将迎刃而解。

当然,扎克伯格还有一些并不容易处理的事情必须做,赫什必须离开,他做的太多事情都超出了应有的权限。赫什离开之后,罗宾招聘来的很多年纪较大的管理人员也选择了离开。显然,Facebook 的文化氛围更适合这些大学刚毕业或者中途辍学的年轻人。

罗宾帮助扎克伯格解除了危机,但是她的 6 个月的全职期限也要到了。扎克伯格很诚恳地挽留她,但罗宾还是选择了离开。她知道自己同样并不适合这家公司,而且扎克伯格已在学习中成长了起来。没有她,扎克伯格将走得更远。

　　罗宾是一个佛教徒，一个禅修者。离开前她送给扎克伯格一个小礼物，一个在冥想时使用的生物反馈器——它可以让你知道你是否冷静下来了。有了它，扎克伯格可以在任何时候控制自己的情绪，保持冷静的头脑。

面对 10 亿美元的收购

Facebook 的危机总是伴随着一次收购的机会而来。

扎克伯格虽然拒绝了维亚康姆报价 15 亿美元、前期给付 8 亿美元现金的收购方案。但维亚康姆的千金一掷，充分刺激了其他投资人的兴趣。

泰尔和布雷耶就曾一次次对扎克伯格提出过，如果对方的报价达到 10 亿，扎克伯格就应该考虑出售。扎克件格虽然在董事会拥有三票表决权（他的两票，帕克转给他一票），但是他也不能不考虑其他董事的意见。

2006 年 6 月开始，雅虎的 CEO 特里·塞梅尔和 COO 丹·罗森维格表示愿意以 10 亿美元收购 Facebook。扎克伯格虽然不愿意卖掉 Facebook，但是泰尔和布雷耶那里怎么交代呢？而且在 2006 年 5 月的时候，扎克伯格负责的"职场网络"项目遭遇了彻底的失败。除了美国的陆军、空军、海军这些特殊的职场网络之外，一般职场的白领当中几乎没有人加入。所以，扎克伯格多少有些动摇，也许接受 10 亿美元并不是一件坏事。他的内心充满了犹豫，但还是同意了与雅虎谈谈。

雅虎方面马上给扎克伯格送去了一份收购条款书，他们还真是雷厉风行。

扎克伯格骑虎难下，哪怕是应付也不得不去面对这一次谈判了。不过，他还是不想卖。也许该问问董事会的意见，扎克伯格希望能够得到支持。

董事会中，布雷耶是最支持出售的人，他的理由很充分："扎克伯格不能一口回绝，因为 Facebook 还代表着很多员工的利益，为什么不去问问其他人的意见呢？"而另一个投资人泰尔，从投资人的专业性角度也认为应该出售，但是他尊重扎克伯格的想法。

现在的问题是高管们的想法了。而在 Facebook 内部，大家的意见显然也并不一致。公司的高层中，范·纳塔和科勒这样年纪较大的主管们都倾向于出售公司，而莫斯科维茨则坚决地站在扎克伯格一边，他还记得帕克当年说过的话。"肖恩告诉我，90%的并购案例都会以失败收场。5 月份，谷歌曾经收购了 Dodgeball（一款手机定位软件），但是现在 Dodgeball 已经没有希望了。在谷歌这样的创业圣地，并购都会失败，我看不出雅虎有什么能力做得更好？"

扎克伯格向莫斯科维茨投去感激的目光，莫斯科维茨很少在人多的场合说这么多话，而且还说得这么好。

扎克伯格现在已经知道该怎么做 CEO 了，他必须平衡两方面的想法，那需要些手腕；而最终 Facebook 的舵掌握在自己手里，Facebook 必须前进，否则渡过了这次危机，下次还是不免会遇到类似的问题。

他对大家说："如果 Facebook 能够更加值钱，相信在座的每一个人都不会想卖掉它。我说得没错吧，布雷耶先生？但是我需要时间，我有一个计划，再过两个月 Facebook 就能向所有人开放注册。到时候我们可能迎来成倍的增长，那时候 Facebook 的市值可能就不再是 10 亿美元，而是更多。如果这一步我们走错了，我是说如果 Facebook 向所有人开放失败了，那么我一定会接受这个价格，这是目前最好的办法，不是吗？"

布雷耶说："能告诉我们，你为什么这么自信吗？到现在为止，Facebook 一直都在学校里运行，不管是大学还是高中，我不认为它会对所有人都具备吸引力。如果失败，可能就不值 10 亿了，雅虎说不定会压低这个价格。"

"这也是假设不是吗？为什么不试试呢？这可以让我卖得心安理得，而不会在将来的某一天后悔。"扎克伯格说道。

"马克，我知道你有很多想法，如果你认为 Facebook 向所有人开放注册能成功的话，为什么不说出来给我们听听呢？"科勒希望扎克伯格说点什么。

"我也不知道，就是直觉。"扎克伯格说。

"好吧，我认为马克的提议也许是目前最好的办法，我同意按他的意思办，但是现在雅虎那边该如何应对呢？"泰尔说道。

"欧文，你去和他们谈，他们需要的所有资料我们都已经准备好了，随便谈什么都行，我给你充分的自由。但是有一条，一定要把时间拖得越长越好，我现在需要时间。"扎克伯格干脆地说道，其实在想出这个点子的时候他就已经把每一步都想到了。

之后的日子里，范·纳塔一直在家里和雅虎的高管们谈判并购的具体事项。上一次投资人频繁出入公司曾经带来不小的麻烦，所以扎克伯格建议范·纳塔把谈判地点放在公司以外的地方。范·纳塔虽然天天都和投资人见面，但还是以请示扎克伯格为由，拖延了很多时间。即便是这样，谈判期间雅虎还是做完了财务调查、尽职调查报告（通俗来讲，就是被并购公司的各方面情况的调查报告）等准备工作，他们甚至连合同条款都已经拟好了。可是由于见不到扎克伯格本人，雅虎的高管总觉得他们还没有真正说服扎克伯格。

与此同时，扎克伯格正带着开发团队为两个月之后的全面开放紧锣密鼓地做着准备。没有人知道扎克伯格心里的巨大压力。他的女友普莉希拉曾经回忆说："那段时间马克常常失眠，晚上会漫无目的地在院子里走来走去，或者开着车听着音乐驶过一条又一条街道。我很担心他，而且希望他不要卖掉公司，否则真不知道他还会做出什么事情来。"

但是事情突然有了转机，7月中旬，雅虎公布二季度财报之后股票暴跌了22%。塞梅尔开始退缩了：买入Facebook这家还没有赢利能力的公司是不是真的能让那些董事们满意呢？雅虎方面把并购价降为8.5亿美元。

当从范·纳塔那儿听到这一消息的时候，扎克伯格如释重负，立即跑到莫斯科维茨的办公桌前，与他击掌庆祝。随后，董事会一致认为8.5亿美元的报价是不能接受的。

雅虎收购的威胁终于解除，而扎克伯格所坚持的向所有人开放Facebook也取得了巨大的成功。扎克伯格这时更像一个成熟的领袖了。

与谷歌的命中之战

Facebook 向所有人开放注册获得成功，到了 2007 年 10 月，注册用户突破了 5000 万人，而且这其中有差不多一半来自美国以外的地方。

Facebook 的国内广告独家代理权，曾经全部包给了微软；面对着境外的 2500 万新用户，境外广告代理招商也开始提上议事日程。

10 月 10 日，谷歌为最优秀的广告客户们举办了一年一度的广告商峰会，被称为"谷歌时代精神"。扎克伯格被邀请作为主题演讲人出席会议，和他一起参加这次会议的还有范·纳塔和企业发展部的丹·罗斯。

谷歌方面听说了 Facebook 有意出售境外广告业务代理权，此次峰会后，谷歌的创始人拉里·佩奇和广告负责人蒂姆·阿姆斯特朗邀请扎克伯格等人去谷歌总部就此事进行磋商。经过长达 4 个小时的商议，双方达成了广告合作的意向性协议。

其实除此之外，拉里·佩奇还有一个想法就是收购 Facebook。之前几次并购风波，谷歌一直都有参与，只是扎克伯格没有出售公司的意思。这次拉里·佩奇决定再试一次，他试探性地问扎克伯格是否有兴趣以 150 亿美元估值出售公司。

扎克伯格回答得相当干脆，Facebook 不卖。但是随后他话锋一转，表示如果谷歌有意按这个估值购买 Facebook 一小部分股份的话，他倒是愿意考虑。谷歌表现得很爽快，他们把这个投资视为保证广告协议顺利执行的拉拢手段。

但是 Facebook 并不急着正式签约，因为这次扎克伯格和范·纳塔打的是"鹬蚌相争，渔翁得利"的主意。他们相信，微软是绝对不容许谷歌染指自己的阵地的。不出所料，微软 CEO 蒂夫·鲍尔默得知 Facebook 和谷歌谈判的消息时，迅速飞到了旧金山。

范·纳塔全权负责了谈判，因为按照扎克伯格的性格，他显然不适合与人公开辩论，或者像个奸商那样讨价还价。在与微软的谈判中只要一遇到僵持不下的情况，范·纳塔就会暗示谷歌能出更好的条件。就这样，经过几天的磋商，范·纳塔基本上帮助 Facebook 达成了目标：第一，修改国内协议，允许 Facebook 自己负责页面广告之外的广告形式。第二，增加微软国际广告页面独家代理协议。第三，hotmail 邮箱必须保证不把 Facebook 的邀请信息当作垃圾信息屏蔽。第四，微软按照 150 亿美元估值，收购 Facebook 公司部分股份。

经过一系列的讨价还价之后，双方终于可以进入细节的谈判了，而谈判的地点也从旧金山变成了帕洛阿托——Facebook 总部。

10 月 24 日，双方签订的协议正式向外界公布。微软按 150 亿美元估值投资 2.4 亿美元购买 Facebook 公司 1.6% 的股份（条款中同时规定 Facebook 不能接受来自谷歌的投资），此外，双方还签订了境外广告代理协议。

Facebook 与微软的合作，让谷歌多少有些不快。拉里·佩奇甚至有一种预感，Facebook 虽然现在势头不大，但是迟早有一天会成为谷歌的麻烦。

而后来的事实也证明，扎克伯格正在一点点地"侵犯"谷歌的权益，闯入它的领地。对谷歌来说，就像草原上的土狗跑进了狮子的领地一样，那种感觉让人很不舒服。

2008 年 3 月，谷歌的在线销售和运营部门副总裁雪莉·桑德伯格被扎克伯格挖角到了 Facebook。桑德伯格到任后，Facebook 的广告获得了迅猛的增长。而桑德伯格的离开带给谷歌的后遗症是，许多高管和专业人士也选择离开谷歌而去 Facebook，其中包括顶级信息官艾略特·施拉奇。

对拉里·佩奇来说，最大的问题还不是人才的流失，毕竟谷歌有 4 万多名员工，而 Facebook 那时候只有 300 人左右，即使再挖走几个也不可能动摇谷歌的根基；关键是号称可以搜索一切的谷歌，却无法搜到 Facebook 上面的海量信息，因为 Facebook 的数据是对谷歌禁用的。Facebook 对谷歌来说就是一个盲点，一个无人区。搜索不到 Facebook 的信息，谷歌的权威性将大打折扣。

实际上，网络公司的竞争说白了就是用户的竞争，而用户的竞争关键是入口的竞争。曾经，雅虎这样的门户网站是网络用户上网的首选，因为信息丰富，所有人都从这里进入互联网。但是谷歌的出现改变了这一格局，谷歌的搜索引擎成为人们的首选，即使想登录门户网站，人们也习惯先通过搜索引擎进行搜索，然后再进入网站。利用这一点，谷歌成功地把自己的登录入口提前了。

而如今情况又一次发生了变化，Facebook 正在做谷歌当年所做的事情。现在人们上网首先登陆 Facebook，Facebook 成为最前端的入口，人们从这里了解朋友的信息，然后通过这里进入其他网站，或者同样使用搜索引擎，但 Facebook 推荐的是微软的搜索，或者 Facebook 自己的搜索。

虽然说谷歌和 Facebook 是两家完全不同的公司，但是我们必须承认，他们二者的宿命之争迟早会出现。现在谷歌和 Facebook 都开始往大而全的方向发展，谷歌开始做社交网站，而 Facebook 则开始做搜索引擎。

未来谁会打败谁，谁又会变成谁，现在来看都是未知数。

第八章
上市：财富盛宴

2012 年，Facebook 的上市可以说是一场财富盛宴，包括马克·扎克伯格在内的公司元老、高层管理人员以及风险投资人都获得了收益。但是，上市并不意味着成功，上市后的 Facebook 面临着更严峻的竞争形势和更高难度的挑战。

融资创科技公司之最

2012年新年伊始的一个早晨，天色未亮，整个硅谷还沉睡在一片静谧之中。天空中飘洒着雪花，这是新年的第一场雪。两边的咖啡馆里透出橘黄色的灯光，仿佛穿过窗玻璃，落在雪上，像童话世界一样。一直忙碌而有条不紊的硅谷难得地呈现出一派安宁之色。

Facebook总部紧闭着的大门突然打开，扎克伯格和他的二把手桑德伯格一前一后地走了出来。昨晚，Facebook董事会连夜召开了关于Facebook是否上市及如何上市的会议，高层们讨论得很激烈，终于在会议结尾基本上达成了共识。会议结束后，扎克伯格又在办公室和桑德伯格召开了单独会议，直到清晨6点才结束。

一阵冷风迎面扑来，冻得扎克伯格使劲儿往大衣里缩了缩脖子。桑德伯格快步走到自己车前，扶着车门，再次确定道："马克，那么Facebook上市的事就算定下来了吧？"

扎克伯格两手插在牛仔裤兜里，抬头看着不断飘落的大团雪花，重重点头说："Facebook到了需要兑现承诺的时候了。你要知道，现在最迫切希望Facebook上市的就是那些风险投资家和天使投资人们，如果不上市，他们就无法获得收益。"

这之后的将近一个月的时间里，Facebook 高层就上市事宜召开了近 20 次会议，会议室的灯光经常一亮就到了凌晨。最终，大家拿出了一套堪称完美的上市方案，也写出了逻辑缜密的招股书。

2012 年 2 月 2 日，Facebook 正式向美国证券交易委员会递交了首次公开募股申请，计划融资 50 亿美元。Facebook 的这次上市将是美国历史上科技公司最大规模的公开募股交易，据估计，Facebook 的市场价值在上市后将达到 750 亿至 1000 亿美元，打破了 2004 年谷歌上市融资 19 亿美元、市场估价 230 亿美元的纪录。并且，Facebook 如今的市场估价差不多是素有"硅谷传奇"之称的谷歌公司市值的一半，与麦当劳等老牌企业旗鼓相当。

当时，在 Facebook 的招股书中显示，Facebook 在 2009 ~ 2011 年里，营业收入分别为 7.8 亿、19.7 亿和 37.1 亿美元。专业人士预计，2012 年 Facebook 的营业收入将超过 60 亿美元。截至 2011 年年底，Facebook 的月活跃用户已经达到 8.45 亿人，日活跃用户则为 4.83 亿人，这 8 亿人之间建立起了近 1000 亿对好友关系。

尽管 Facebook 即将上市的消息一传出，就出现了不少质疑的声音，也有不少风险投资界的业内人士站出来说，Facebook 的真实市价并没有达到 1000 亿美元。但是那些清晰的数据在反映 Facebook 真实实力的同时，也给了人们极大的信心，几乎所有人都相信 Facebook 未来有着无限的发展潜力。

扎克伯格持有 Facebook 超过 28% 的股份，是公司最大的单一股东，按照 Facebook 上市后 1000 亿美元的市价来算，扎克伯格拥有 280 亿美元的身价。这一结果，使本来就在《福布斯》全球富豪排行榜上的扎克伯格，在 2011 年一下子跃进到排行榜的第九位，超过中国首富李嘉诚。

不过，年仅 28 岁的扎克伯格在面对 Facebook 上市带来的一片欢腾声和突如其来的财富时，表现出了超出年龄的冷静和睿智。

在其后的数次采访中，他不止一次提起："上市对于公司绝不只意味着收益。要知道，有不少具备稳定发展潜力的公司就是在资本的驱使下，提前透支了自己的生命周期。"他心里清楚，公司上市融资除了能带给创始人和风险投资家更大的价值回报之外，是否真的能给高科技企业带来急需的发展资金仍是个未知数。

扎克伯格是个有远见的年轻人，他早已看清了 Facebook 上市对于自身的利弊。正因为这样，Facebook 递交公开募股申请那天，扎克伯格那张标志性的笑脸出现在各大报纸的头版时，那笑容里确实带有勉强之色。

坦白说，扎克伯格将他一手打造的 Facebook 推向上市并非出自本意，他也是被迫的。因为美国证监会明文规定，任何一家公司股东人数超过 500 人，该公司就必须上市，在场外交易市场中进行股权登记，以便股东进行股权的交易和流通。显然，这对于一个需要稳定环境来成长的公司来说，并不是一件好事。

扎克伯格此时就像一个自家闺女被强盗抢走当老婆又无可奈何的父亲，他苦心经营 Facebook 近 8 年，如今公司一上市，他就只是这家公司的一部分而非全部。

在一次公司集体会议结束后，扎克伯格苦着脸对桑德伯格抱怨道："我们都知道，上市对公司投资者和员工来说是好事，但对公司本身而言通常并不好。公司一上市，作为 CEO，我将担负起更大的赢利压力，无论股东还是员工都会更关注股价短期波动，而非公司的长期成长。同时，融资也会将公司从我的控制中脱离，分给来自世界各个角落的不知名的股东。"

因此，扎克伯格仍旧坚持确保对 Facebook 的绝对控制，公司上市后，他仍将持有 56.9% 的股权。也就是说，在 Facebook 上市后的日子里，扎克伯格仍对公司有着绝对的掌控能力，也能够自由任命自己的继承者。

Facebook 虽然上市了，但扎克伯格仍像过去一样掌控着公司。至于上市对于 Facebook 未来的发展究竟是一次划时代的迈进，还是一个更为艰辛的挑战，这需要时间来给我们答案。

漆墙工变成亿万富翁

　　Facebook 的奠基人扎克伯格以及众多外部投资人随着公司上市成为亿万富翁虽然引起了轰动，但在整个商业社会发展史中，这只是一件因循常规、平常无奇的事情。不过，在 Facebook 融资上市的大背景下，的确上演着"丑小鸭变白天鹅"的故事。

　　大卫·乔伊是个很有个人风格的自由画家，个子高高的，一头棕褐色的头发打着小卷儿，脸上永远是一副没睡醒的表情。从小学起，乔伊就开始学习油画和素描，年轻时为了谋生也在纽约街头当过流浪艺术家，为往来的行人和游客画肖像画，但他最喜欢的是涂鸦。他喜欢在一大面干净的白色墙壁上用五颜六色的颜料涂抹出夸张有趣的画面。不过，和时下流行的阴暗颓废的涂鸦不同，乔伊这个很有个性的艺术家喜欢明媚鲜亮的颜色，他的画更像是在讲述孩子们喜欢的童话故事。"家里的墙壁每隔几个月就得刷上一次，否则，你会觉得自己正身处一个乱七八糟的世界。"乔伊的妻子后来接受《华尔街日报》采访时还是这么抱怨。

　　2005 年，美国经济很不景气，乔伊很郁闷，因为哪怕是在纽约最繁华的步行街街头呆坐上半天，也没有人愿意来找他来画肖像画了。经济的不景气造成了人心的消沉，没有人想给自己脸上的愁闷留下纪念。一下子没有了经济来源的乔伊生活得很窘迫。早些时候他还惹上了官司，他在一家 24 小时营业的酒吧里喝醉了酒，和其他的醉汉发生了争执，还动了手。到了冬天，天气一连几天都阴沉沉的，乔伊连去街头"守株待兔"的心情都没有了，只想闷闷地待在家里。

这时候，Facebook 当时的 COO 帕克找到了乔伊。乔伊之前在步行街作画时为帕克画过一张肖像画，帕克很满意，便留下了他的电话。这一次，帕克是来邀请乔伊前往加利福尼亚州帕洛阿托为 Facebook 公司的第一个总部进行墙面装饰。

当时 21 岁的扎克伯格还有些童心未泯，他不止一次向帕克提出，希望能把属于他自己的办公室装潢得具有奇幻色彩。"当然，他也不会放过公司的其他办公室。"帕克后来这么说。

帕克左思右想，想到了曾在纽约街头遇见的那个艺术家大卫·乔伊，帕克觉得他能胜任这个工作。虽然当时的 Facebook 并不能给乔伊提供太高的报酬，但天天闲在家里无事可做的乔伊还是一口答应了帕克，跟随他来到 Facebook 总部，开始了整个公司的室内装潢工作。

Facebook 总部的员工以年轻人为主，很有活力，整体氛围也很轻松愉快。这一切带给乔伊不少创作灵感，他的工作在另外两个助手的帮助下，持续了近 3 个月就顺利完成了。因为扎克伯格自小就有红绿色盲，所以乔伊采纳帕克的意见，将公司的整体色调设计为蓝白色。他还根据扎克伯格的喜好，将其办公室设计成类似经典游戏超级玛丽的风格：洁白的墙壁上有云朵、有鲜花，还有一个个闪闪发亮的金币。

　　扎克伯格看见大卫完成的作品后很满意，连连称赞。不过显然，以当时刚刚成立的公司的财政状况，Facebook 并不能支付给乔伊非常让人满意的报酬。

　　出于对乔伊的欣赏，扎克伯格在他新装潢好的办公室里向乔伊提议："比起这几千美元的现金，你不如收下同等价值的公司股票。以后你会获得更多回报的。"扎克伯格露出了一贯的孩子气的自信笑容。

　　尽管乔伊也像当时大多数人那样，认为 Facebook 只是一帮大学生闹着玩的小把戏，但鬼使神差地，他仍旧接受了扎克伯格的提议，收下了同等价值的股票。"当时认为 Facebook 荒谬而没有意义，事实证明，我彻底错了。"乔伊后来说。

　　显然，这个选择足以改变大卫·乔伊的人生。随着 Facebook 的上市，这个当时为 Facebook 墙壁创作涂鸦画的艺术家也暴露在了媒体的视线里。一些认识乔伊的人透露，乔伊当时获得的劳动报酬，现在价值高达 2 亿美元。乔伊靠着当年为 Facebook 创作的涂鸦，可能比苏富比 2008 年创纪录拍卖的达明安·赫斯特（近年英国最具影响力的艺术家）的作品赚得还多。

　　Facebook 提交公开募股申请没几天，美国年轻人最为追捧的情人节就来临了，年轻情侣间也流行起一个笑话——女孩儿常对男孩儿说："如果你爱我，不要送我玫瑰和巧克力，给我买 Facebook 的股票吧！"可见，Facebook 所演绎的现实版"丑小鸭变天鹅"的故事已经在坊间广为流传了。

　　当然，随着 Facebook 公司的融资上市，命运被改变的绝对不止大卫·乔伊这一位"丑小鸭"。2010 年，Facebook 价值 200 亿美元时，扎克伯格曾为了缓解纽华克市的财政困难，也为了改善有"全美国最差教育系统"之称的纽华克公立学校的教学环境，向该市的公立学校捐出了价值 1 亿美元的股票。水涨船高，而今，那笔原本 1 亿美元的捐款也立即膨胀到 5 亿美元以上。这个美国最差的公立学校也在一夜之间脱贫致富，并为财政吃紧的纽华克市节省了一大笔开支。

说 Facebook 的上市是一场造富运动再恰当不过了，Facebook 的早期投资人和许多高层管理人员都因此获得从几千万到上亿美元不等的收入，许多老资格员工也由此晋身为百万级别的富翁。

其中，Facebook 的 COO 雪莉·桑德伯格虽然加入 Facebook 的时间并不长，但鉴于其为 Facebook 屡立战功，包括扎克伯格在内的公司董事会对她很是器重。Facebook 上市时，她持有 3810 万股，价值约 2 亿美元，成为整个硅谷最富有的女士之一。

馈赠型经济盛宴

随着 2012 年年初 Facebook 上市，马克·扎克伯格一直倡导的概念再次浮出水面，那就是如何发展"馈赠型经济"。

有一次，扎克伯格与为他写个人传记的知名记者大卫·科克帕特里克在 Facebook 总部附近一家小餐厅里共进晚餐。在大卫跟随扎克伯格采集撰写个人传记所需资料的那段时间里，两人逐渐培养起深厚的友谊。所以，即使科克帕特长达数月的采访已经完成，扎克伯格还是乐意时不时地约上大卫聊聊他最近的想法。

当大卫向扎克伯格问起 Facebook 目前的社会影响力，尤其是对政治、商业、媒体的影响力时，扎克伯格抿嘴一笑，并没有直接回答大卫的问题，反而问道："你知道印第安人每年一次的冬宴吗？"

"听说过，但不是很了解。这两者有关系吗？"大卫问。

"在一些比较落后的地区，有一种非常有趣的非主流经济形式十分流行，那就是'馈赠型经济'。到了每年秋天丰收的时候，人们都会拿出自己的收获跟大伙儿分享，而获得馈赠的人出于感激之情，也为了表达自己的慷慨，同样会拿出自己的一些东西来和大伙儿分享。印第安人的冬宴就是与此类似的一年一次的盛宴，每个部落的神父都会把本部落所有人的食物和其他物品聚集起来，任何人都可以从这些东西里拿走自己所需要的。而拿出最多东西来与大家分享的人则会获得最高的荣誉和无上的尊敬。"

"的确，在相对小的部落里，整个社会文化都是建立在这种馈赠型经济的框架之上的。"大卫啜了一口咖啡，接着说，"但如果这个小社区扩大了呢？人们之间的行为无法保持透明，人们也无法清楚地掌握正在发生的每一件事情。当人们相互之间的信任开始崩塌，这种社会模式肯定会崩溃。"

"所以，对于 Facebook 而言，它的透明共享性和馈赠型经济要同时发展。"扎克伯格眉毛一挑，露出了他独具个人特色的笑容，"事实上，Facebook 上每一个人对另一个人或另一件事的表达，都可以视为一种'馈赠'。这种'馈赠'可以影响政治和社会，同时对此产生的影响也将给人们的生活以回馈。"

事实上，Facebook 一直倡导的这种馈赠型经济正在悄然无声地影响着社会生活的许多方面。Facebook 不仅要让用户在网络世界里享受其产品和服务，还将对社会和人们的生活产生推动。

佛罗里达州一名叫威尔·安德森的大学生就深切体会到了 Facebook 所提倡的馈赠型经济的力量。2008 年，州议会正在商讨是否通过一条法案，这条法案提议重新分配州立奖学金，将原本侧重于文科生的奖学金转而用来更多地支持理科生。作为一个历史系的文科生，安德森感到很担心。他一个人闷闷不乐地宅在寝室里，随意地浏览网页，打开他上周新加入的 Facebook 游戏组群，发现上周才不到 30 人的组群在短短一个星期后已经扩大到了 400 人的规模。安德森突然灵光一现，他花了几分钟的时间建立了一个叫作"保护你的光明前途"的 Facebook 组群,组群的主题就是针对这次州议会重新分配奖学金的法案提出的,然后他又邀请了自己在 Facebook 上的近 200 名好友加入组群。不到半个月,这个组群就拥有了 2 万名成员,除了佛罗里达州的大学生以外,还有很多来自美国其他州的用户加入群中。

正当安德森惊叹于 Facebook 的力量时,他接到了州议员杰瑞米·林的电话。

"嗨,你好,我是佛罗里达州议员杰瑞米·林,那条关于重新分配奖学金的议案是我提出的,我已经撤回了提案。你发动的 Facebook 组群取得成功了。"后来,杰瑞米还在接受《太阳守望报》的采访时说:"你不可能忽略 2 万人的意见,政府也不会。"

如今,Facebook 已经成为人们对某种社会现象或政府政策等不满时,发表自己的意见和抗议的平台。Facebook 上庞大的用户人群使这些事件能够吸引大规模人群的关注,人们在这个平台上发表自己的意见,促使有关方面及时迅速地做出反应,拿出解决方案。

不过,Facebook 对用户的"馈赠"远远不仅止步于此。如果你仔细浏览一下 Facebook 上正在运作的组群,你就会发现,通过不同的方式促进跨文化交流和理解的小组真是随处可见。比如,Facebook 上有一个叫"未来穆斯林领袖"的组群,这个组群由来自 75 个国家的 300 多名年轻的穆斯林成员组成,他们当中包括来自伊拉克的护士、来自沙特的服装设计师、来自德国的律师和来自美国的杂志撰稿人。2009 年的时候,这些来自世界各地的年轻穆斯林相约参加了一个在卡塔尔的多哈举行的全球交流会,会议旨在促进全球的和平与正义。在这之后，他们也并没有从 Facebook 的组群里淡出，而是继续像一个团队一样，为自己的理念和信仰团结合作。

不仅如此，很多政府机构也愿意融入 Facebook 所创建的馈赠型经济模式中，把 Facebook 当作一个和员工及市民保持紧密联系的交流工具。2008 年 9 月初，飓风古斯塔夫袭击了美国东南海岸的路易斯安那州。这时，政府方面与 Facebook 开展了紧密有效的合作。Facebook 很快在首页顶端发布了一个特别通告，恳请受灾用户在更新自己的 Facebook 状态时标注一个表明他们人身安全的记号，以便加强向相关部门反馈受灾信息，Facebook 也将协助联邦及州立机构，提供灾区民众需要的实时数据。这一次 Facebook 与政府部门的合作，为政府提供了灾区的很多有效信息，密切了政府和受灾民众的联系。当未来再有灾难来临时，Facebook 仍打算使用这一方案。

投资人狂欢并不等于真正的成功

Facebook 的创始人及 CEO 马克·扎克伯格一直强调"让网站有趣比赚钱更重要",他一直专注于网站产品和服务的开发,尽力避免公司走上上市之路。然而,随着 Facebook 的不断发展壮大,它不可避免地走到了这天。

Facebook 这次上市,除了给扎克伯格、桑德伯格等持有不少股票的公司高层带来价值不菲的收益以外,Facebook 的众多投资人也趁机大赚了一笔。其中最大的受益者是位于加州帕洛阿托的风投公司阿克塞尔合伙公司。2005 年,刚刚从哈佛男生寝室搬到硅谷来的 Facebook 毫不起眼,这时阿克塞尔合伙公司就独具慧眼地挑中了 Facebook,并挤走强有力的竞争对手《华盛顿邮报》,向 Facebook 投资 1270 万美元,一下子将 Facebook 的估值拉高至 1 亿美元。当时这一举动在硅谷引起了不小的轰动,大家都觉得这将是一场不可能有结果的投资,实在太过疯狂。如今看来,当时的 1270 万美元花得实在太值了,根据目前的估价,这家风投公司将获得约 1000 倍的回报,可谓一本万利。

除此之外,随后跟进的很多风险投资人也无一例外地从 Facebook 得到了丰厚的回报。2007 年 10 月,微软以 2.4 亿美元的投资获得了 Facebook 1.6% 的股份；李嘉诚先后两次以共计 1.2 亿美元买入 Facebook 0.8% 的股份。按照 Facebook 上市后 1000 亿美元的市值计算，他们的投资回报均在 6 倍以上。

不过，投资人的狂欢并不等于 Facebook 获得了真正的成功。随着融资上市，Facebook 风头更劲，它身上所笼罩的光环早已超过了有着"硅谷传奇"之称的谷歌。不过同时，Facebook 也面临着与谷歌当年类似的考验。谷歌上市后，公司内持有股票的员工身价大涨，随后谷歌出现了大量的人才流失现象。很多老员工纷纷离开谷歌，投身一些正处于上升阶段的公司，以谋求更广阔的发展空间，其中自然也包括 Facebook。如今，谷歌当年大规模的人才迁徙风波也许将在 Facebook 又一次上演。

这一次 Facebook 上市，扎克伯格为了兑现惠及公司员工和投资人的承诺，融资 50 亿美元，将 Facebook 市值推向了 1000 亿美元的天价。这就意味着，Facebook 的这次融资上市将造就上千名身价百万以上的富翁，约占公司总人数的 1/3。除此之外，Facebook 还将在它的投资人里造就不少的千万富翁和若干亿万富豪。

Facebook 的招股书上明确表示，公司一旦上市，Facebook 的很多老员工都能获得 400 万到 2000 万不等的账面资产。只要等公司上市后 6 个月的禁售期一过，这笔账面资产就可以套现。因此，Facebook 上市以来，公司的相关部门一直对人事问题采取回避态度。不过，有记者从另外的渠道打听到，Facebook 确实有不少员工正计划着在账面资产兑现后离开公司，要么跳槽，要么自行创业，要么给自己放一个长长的年假，好好做一番休整再另行考虑。如果融资以后大规模的人才流失现象发生，必定给Facebook 在未来的发展带来一系列的不稳定因素。

"但是这些千万富翁和百万富翁也是最难管理的。"Facebook的一位 HR 无可奈何地表示。

虽然目前 Facebook 在硅谷风头正劲，但硅谷向来是个能人辈出的舞台。硅谷有着全球最丰富的资金、最顶尖的人才和最优良的创业环境，几乎没有任何公司具备足够的魅力将人才牢牢地留在公司里长久发展。也有人说，硅谷就像是一个广阔茂密的原始森林，其中的一家家公司就像伺机捕猎的野兽，那是一个庞大的生物链，有的只是优胜劣汰、适者生存。而硅谷里还住着世界上智商最高、最富有冒险精神的人群，他们不安于现状，需要在一次次的改变中体现自身的价值。这也就难怪硅谷的迁徙波总是一浪高过一浪，几乎一刻也没有消停。

而且，美国的创业者也逐渐趋于年轻化，平均年龄从之前的37 岁变成了 27 岁。一个员工从老牌公司跳槽，投身一个仍处在发展初期的公司，他往往能获得更好的职位和发展前景。

"从这一角度来看，Facebook 在创下科技公司融资之最的同时，也创下了全球互联网领域有史以来最大规模的一次套现。"一位在 Facebook 融资中收益颇丰的投资人这样向记者戏称。

Facebook 上市以后，除了将面临人才流失的风险，还同时需要应对多方面的挑战。扎克伯格在接受采访时也坦言："Facebook虽然拥有全球最庞大的开放性用户数据，但从目前的利润来看，广告收入仍然是公司最主要的收入来源。对上市后的 Facebook 来说，如何赢得大企业的信赖，提高他们在 Facebook 的广告预算仍然是当前的重要问题。同时，Facebook 也在考虑基于强有力地保护用户隐私这一底线上，如何最大限度地将这些极具价值的个人数据转换成现实利润，使 Facebook 在不依赖广告的情况下能够长久发展。"看到这一发言，也就不会奇怪，为什么扎克伯格在接受采访时仍多次强调，他目前仍然坚持将注意力更多地投入到产品和服务的开发上。

概念下的中国"面孔"

2012年2月2日，Facebook公司正式提交了公开募股申请，Facebook创始人CEO马克·扎克伯格也接受了大小媒体的采访。提到Facebook公司的上市，如何进军庞大的中国市场就成了无法避免的话题。

扎克伯格在接受记者采访时坦言，如果未来能够进入中国市场，Facebook将会面临来自腾讯、新浪和人人等公司的竞争。

那么，究竟谁才是中国版的Facebook呢？

2月2日Facebook上市当天，中国的网络世界也掀起了很大的风波，当天新浪微博上就展开了一次题为"谁是中国版的Facebook"的投票，腾讯、新浪微博和人人分别获得了41%、40%和19%的支持率。

在当时，中国的各大社交网络中普遍被认为与Facebook存在相似性的主要是腾讯、新浪微博、人人网和开心网。不过，这些网站与Facebook也是形似而神不似。被普遍认为最像Facebook的腾讯早在2004年就于香港上市了，但它的开放度、透明度远远不及Facebook，在世界范围内的普及度就更不用提了；打着中国版Facebook旗号上市的人人网则更像是一个集社交、团购、社交游戏于一身的混合体，而且人人网的用户绝大部分是在校大学生和中学生，黏性差，用户进入职场以后原本的社交联系就很难维系；而开心网虽然吸引了大批进入职场的用户，却变得越来越像一家社交游戏公司；而后来一夜之间异军突起，很快吸引了众多社会名流的新浪微博虽然给以上各家社交网络造成了不小的冲击，但也很难在短时间内打造像 Facebook 那样完整的社交人脉关系网和完整的社交生态链。

易观国际分析师黄萌在一次采访中说："中国现在也有好几家大型的 SNS（全称 Social Networking Services，即社会性网络服务）上市公司，却不能像 Facebook 一样，在世界范围内取得如此大的成就。虽然同为社交网站，Facebook 确实有许多独到之处。一直以来，Facebook 的业务定位就非常准确，专注于 SNS 本身，赢利模式也自成体系，从而培养了企业本身的核心价值体系。反观中国 SNS 企业，他们在发展过程中一味追求业务范围扩展和短期利益，缺少对企业文化的打磨，因此也不能形成独立的核心价值体系。这样一来，在市场竞争中也就丧失了核心竞争力。"

比起黄萌的专业分析，著名 IT 评论人洪波的解释可能更加通俗易懂。他认为，无论是人人还是新浪微博，他们都没有将主要精力放在构筑一个庞大的、无可复制的社交图谱上。作为一个经营社交网站的公司，却不把自己的主要精力投入到构建社会关系里，这样的企业的核心竞争力显然是不够的。

值得注意的是，Facebook 的上市的确对中国的社交网络造成了一定的影响，其中自然不乏积极影响。早在 1 月底，Facebook 即将上市的消息就已经传出，新浪和人人的股价立即分别上涨了

12.13% 和 27%。

易观公司资深资本分析师刘冠吾分析，Facebook 的上市势必会给包括人人、腾讯、新浪在内的一系列中国社交网络领域的大牌公司带来积极影响，它们的股价也会随之产生一定幅度的上涨。不过对于国内那些并没有上市的社交网络公司来说，它们很难在这次的上市风波中获得任何意义上的收益。他们既不会因为 Facebook 的上市而得到更多风险投资的青睐，也不会因此吸引更多的用户注册或广告收入。

这种现象在过去也是有迹可循的。就在不久前的 2011 年 11 月 4 日，团购网站的开山鼻祖 Groupon（起源于美国，国内译为高朋网）正式上市。而国内的许多团购网站，比如拉手网、窝窝团却一直比较低迷。当时有很多人期待，Groupon 的上市能够有效推动中国团购网站的上市进程。然而事与愿违，Groupon 的上市对中国团购网站并没有产生多少积极作用。相反的，一些团购网站还因为服务不到位、老板卷款跑路、欺诈顾客等一系列负面新闻而陷入更加低迷的境况之中。

回顾过去的 5 年，中国社交网络虽然没有取得像 Facebook 一样辉煌的成就，但也正大步朝前迈进。这几年里，中国的社交网络大致经历了 3 个发展阶段。第一个阶段是同学之间的交友和互动，这以之前的校内网即现在的人人网为代表，用户人群主要是在校学生；第二阶段是比起人人网更加成熟化和社会化的开心网，它更专注于同事之间的社交游戏交流和信息分享；第三阶段则是有中国社交网络黑马之称的新浪微博，几乎一夜之间，新浪微博就吸引了中国演艺界和文化圈的众多"名人"前来关注，同时也产生了"名流"与"草根"阶层的互动。

不过，无论是人人网、开心网还是新浪微博，它们都缺少一个像 Facebook 一样精心构筑的庞大而不可复制的社交图谱。作为社交网站，复杂但清晰的社会关系脉络才是其前进的不竭动力和最具竞争力的核心价值。

开心网的 CEO 程炳皓也说："今天我接到好几个电话，问未来中国社交网络的发展走向将如何。我认为，在未来 5 年，中国的社交网络的发展机遇有三：一是取代传统的邮件、短信甚至通话，成为普通用户通信的首选渠道；二是取代大众媒体等传统发布渠道，成为企业级客户面向市场的首选渠道；三是与电子商务、搜索等刚性需求真正融合，从根本上改变互联网生态圈。"

第九章
社交界的“洛克菲勒”

和 Facebook 一同成长，经过 8 年的磨砺，马克·扎克伯格已不复当年的青涩。如今，各大顶级的社交活动中总能看见他的身影。除此之外，他还开始关注慈善事业，投入巨额资金推动美国教育事业。

捐款 1 亿美元发展教育

2010 年，扎克伯格第一次被列入美国《福布斯》富人排行榜，个人资产达 64 亿美元，是全球最年轻的亿万富翁。当时年仅 26 岁的扎克伯格开始投入到他一直关注的慈善事业中。

2011 年 6 月 11 日，扎克伯格的好友、微软创始人比尔·盖茨在接受英国媒体专访时，谈及自己和扎克伯格一直很关注慈善事业，并且对扎克伯格大加赞赏："我没有对马克说，'把你所有的钱给我吧！'他原本就有此意，主动来找我。"接着，比尔·盖茨又提道："他的未婚妻普莉希拉对教育很关注，所以他去年捐钱给了新泽西州纽华克（的一所学校）。他们很值得赞扬，我在 40 岁开始做慈善，而他们才不过 20 多岁就已经开始了。"

作为全球最年轻的亿万富翁，扎克伯格捐款并不令人奇怪，但比起一般人关注的慈善领域，他的捐赠对象显得比较特别。

2010 年 9 月 24 日，扎克伯格在与纽华克市市长克里·布克、新泽西州州长克里斯·克里斯蒂做客电视访谈节目《奥普拉·温弗瑞脱口秀》时公布将成立一个教育基金，并且首期捐赠 1 亿美元给纽华克市，用以改善公立学校的条件。

节目中，奥普拉向扎克伯格提问："美国活跃在慈善界的名流很多，却很少见年轻小伙子，你为什么这么年轻就开始关注慈善事业呢？"

扎克伯格一双绿色的眼睛睁得大大的，脸上稚气未脱，答话的语气却很沉稳："关于慈善，我只是觉得无论是我个人，还是Facebook公司，都是美国社会的一部分，我们有责任这样做。从Facebook公司成立之初，我就一直奉行将其赢利模式发展成为馈赠型，让我们的用户都能使用它、享受它。现在所进行的慈善活动，我们也只是将它看作是Facebook发展馈赠型经济的一种延续，是对用户、对社会的一种回报。"

"为什么首先选择教育领域呢？"

"现在美国的教育事业已经越来越完善，绝大多数人都能完成基础教育，也有不少能获得深造的机会。但比起相对完善的私立教育体系，美国的公立教育体系还有很多不够完善的地方。但是，美国很多工薪阶层的孩子仍然在公立学校求学。不够完善的教育资源和相对松散的风气使很多人的起点都相对要低一些。从小，我就一直在学业上追求达到精英的水平，因为这样，才能获得更多、更好的受教育的机会。从小到大，我得到过不少好的机会，而其中好些机会都是拜教育所赐。"说着，扎克伯格一直没什么表情的脸上露出了笑容，"我只是想尽自己的一分力，让每个人都有可能获得这样的机会。"

奥普拉一边听，一边频频点头，又接着问道："马克，你知道吗？虽然Facebook如今获得的成就让我们惊叹，但在很多人眼里，你也还只是个大男孩。对于年轻人来说，比起把1亿美元花在慈善事业上，不如把它兑现成一栋带有露天游泳池和屋顶酒吧的别墅、一辆最时髦的越野车和一块限量版的劳力士手表。你呢，你为什么要把它投入到慈善中？"

"去过我在 Facebook 附近租住的小公寓的人都知道，我对物质这类东西一向不大关注。不过，我想这 1 亿美元能让所有和 Facebook 一同成长的用户都看到，除了建设网站和应用程序，Facebook 终于也干了点不一样的事儿，同样是有意义的事儿。"

话音未落，台下一直安静的观众席响起了一浪高过一浪的掌声。

到 2011 年 9 月，负责管理扎克伯格 1 亿美元捐款的基金会宣布已经启动一个为期两年、规模达 60 万美元的项目，向提出创新性教学课程的纽华克市公立学校的教师或教师团体提供 1 万美元奖励，以供科研。同时，纽华克相关教育部门将严格审核纽华克未来基金会划拨的 640 万美元资金流向，其中就包括新的教师奖励计划，同时还将讨论剩余资金的未来安排。其中一些资金已被用于建设新学校、延长学校教学时间和招募新老师等。纽华克学校董事会成员沙瓦尔·杰弗里斯说，上述投资都属于明智之举，他表示："我认为这些项目刚刚开始启动。它们都非常重要，给教师们创造了各种机会，让他们变得更具创新意识，利用自己的专业知识和判断力满足学生的需要。"

让爱传出去

2010 年 9 月，扎克伯格对纽华克市公立教育体系捐赠 1 亿美元以后，开始把更多的精力投入慈善事业中。令人感到欣慰的是，这个在大众眼里一直羞涩内向的大男孩扎克伯格经过几年的历练，也逐渐成熟稳重。他在考虑，是时候回馈社会了。

根据《华尔街日报》报道，以享有"盖茨第二"美誉的扎克伯格为首的 16 名美国亿万富翁于 2010 年 12 月 9 日正式宣布，他们将加入"捐赠承诺"慈善捐款行动，允诺把自己过半的财产捐赠给慈善事业。此举在美国引起轰动。

美国的富豪阶层一直保持着关注慈善事业的优良传统，不论是白手起家的实干创业家还是世代富裕的富人家族，都把慈善事业当作自己的一份责任。

早在 2009 年，微软创始人比尔·盖茨就联合美国著名投资商沃伦·巴菲特不断举办晚宴，招待美国"亿万"俱乐部的富豪们，着手讨论发起"慈善誓言"的事情，希望通过美国最富有的一群人的力量，能使美国的慈善事业朝前大大迈进一步。

2010 年 6 月，比尔·盖茨联手巴菲特正式发起了"慈善誓言"活动，旨在劝说美国的超级富翁们在生前或者死后至少捐出一半以上财产，用于慈善公益事业。

比尔·盖茨说："我只是想呼吁美国的超级富翁们做出自己的承诺。这一承诺并不要求有具体的捐赠，对于捐赠行为也不会进行跟踪。它只是要求承诺者允诺捐出自己大部分的财产，无论是在生前，还是逝世后。我想，这也是我们回馈社会的一种方式。"

自从 2010 年 6 月，"慈善誓言"活动开展以来，加入活动的超级富翁人数也在不断增多。2010 年 12 月 9 日的一次大规模晚宴上，包括扎克伯格在内的 16 位超级富豪也融入了这个热衷慈善的大集体中，他们都签署了"捐赠承诺"，并发表联合声明，宣布加入美国首富比尔·盖茨和"股神"巴菲特发起的"慈善誓言"活动，承诺将至少一半的财产捐赠给慈善事业。除了扎克伯格，Facebook 另一位创始人达斯廷·莫斯科维茨也签署了"捐赠承诺"。

晚宴上，觥筹交错，美国许多重量级的富豪都出席了晚宴，美国的各大媒体也纷纷派出记者，对晚宴进行追踪报道。

作为年仅 26 岁就开始投身慈善事业的年轻富豪，扎克伯格自然受到了媒体的不少关注。晚宴上，向来是 T 恤和牛仔裤休闲打扮的扎克伯格也难得地换上了笔挺的藏蓝色西装和白色衬衣，稚气未脱的脸上一双绿色的眼睛很有神。记者们手里的照相机一次次对准这个年轻人。

作为扎克伯格在业内的好友，比尔·盖茨多次当着众多媒体人的面调侃扎克伯格："马克，他们看了《社交网络》，都说你是一心钻进了钱眼儿里，为了成功不顾一切的资本家。你喜欢他们给你做的人物设定吗？"比尔·盖茨自然不会放过当时正火的

《社交网络》，忍不住把这部电影拿出来说上一番。

"说实话，我一直感到有些苦恼，我不喜欢电影里塑造的我的形象。"扎克伯格微微一笑，耸了耸肩，"在过去的6年里，我一直忙于编程，一门心思地扑在我自己的工作上。我保证，这就是我的生活，它没有那么富有戏剧性。"

"看，正因为现在是在美国现实社会，而不是在《社交网络》。马克也不是电影里冷酷无情的CEO，也不是个只会编程的书呆子。所以，今天他才能这样热情地加入我们的'慈善誓言'活动。站在我们面前的这位可爱的大男孩，才是真实的马克·扎克伯格。"比尔·盖茨忍不住夸起扎克伯格来。"那马克，你为什么乐意加入这个活动呢？仅仅因为我们是好朋友，我说服你参加的吗？"

"我只是想，早些总比晚些好。"扎克伯格说，"人们总是太晚才想起要回馈社会，但既然有那么多需要去做的慈善，为什么还要等待？作为依靠企业取得成功的年轻一代，如果我们尽早回馈社会，就能尽早看到这些为慈善所做的努力的积极作用。也许因为我们所尽的这分力，会帮助更多的人，为社会培养更多能够做慈善的人。"

扎克伯格回答完，一旁的记者都纷纷点头，显然，他们已经从他这里获得了满意的答案。记者们又将兴趣的关注点投向了这次"慈善誓言"活动的主要发起人之一——比尔·盖茨。

"美国重量级的超级富豪做出将自己的财产捐出一半来进行慈善事业的承诺，在执行过程中，会遇到不少的困难和阻碍吧？盖茨先生，你觉得公众们对此有什么反应呢？"

"这个建议在执行时确实会有很大难度，因为这并不是强制性行为。人们对我们很友好，觉得这是一件很不错的事。但有时候还是有某种尴尬的感觉，因为这不是个人行为，而是需要一个家庭做出决定，一个重大的决定。"比尔·盖茨说，"有时候夫妻双方从来没有就慈善问题上应该优先考虑的事情进行过充分深入的讨论。而且在具体实施中，还会考虑到各自的子女及亲属等问题。确实不是个简单的问题。不过既然开始了，就要尽力向更好的方向发展。"

已经有 50 多人加入这项活动。新加入者还包括美国在线创始人之一史蒂夫·凯斯、投资家卡尔·伊坎和曾经的垃圾债券大王麦克尔·米尔肯。其他一些富裕的个人和家族此前已经做出承诺，他们包括甲骨文创始人拉里·埃里森、电影导演乔治·卢卡斯和纽约市长迈克尔·布隆伯格。

然而在这个群体里最受关注的还是全球最年轻的亿万富翁扎克伯格。这次扎克伯格做出"半裸捐"的承诺，引起了美国上下的一致关注，这与他的年轻不无关系。但是，这也符合美国经济和慈善事业发展的整体趋势，当今美国成功的商界人士，尤其是创业家们都比他们的前辈捐款数额更大，而且捐款时间也大大提前了。

但诚如马克·扎克伯格所言，早些总比晚些好。这也许正预示着，以扎克伯格为代表的美国年轻人对社会进行回馈的时代已经悄然来临。

2011 年 9 月 9 日，美国 Peekyou 网站评选出了美国科技界十大慈善家，一直活跃在美国慈善活动中的比尔·盖茨和保罗·艾伦都榜上有名。Peekyou 根据这些致力于美国慈善活动的超级富豪们的贡献程度，为每个人从 1 到 10 给分，并且根据分数进行排名。一直是美国科技行业里最活跃的慈善家比尔·盖茨虽然得到了 10 分，却与榜首失之交臂，排在了第二名。位居榜首的正是刚签署"慈善誓言"不久的 Facebook CEO 马克·扎克伯格。位居第三的是沃伦·巴菲特。保罗·艾伦排名第六，得了 7.2 分。

新老媒体人的忘年交

唐纳德·格雷厄姆算是 Facebook 的老用户了，共有 4888 名好友，分享的内容也多种多样，包括去除文身、华盛顿红皮队以及他最喜欢的木偶歌《Mah Na Mah Na》。这位 66 岁的《华盛顿邮报》集团 CEO 与其中的一名好友分享的信息尤其多，他就是马克·扎克伯格。

虽然 Facebook CEO 扎克伯格与《华盛顿邮报》集团董事长兼 CEO 唐纳德·格雷厄姆年龄相差了足足 39 岁，而且分属于新旧两大媒体阵营，但他们建立了长期而亲密的私人友谊，并且相互学习，相互支持。

一名与格雷厄姆很有交情的人士透露："格雷厄姆有什么想法或问题都喜欢征求扎克伯格的意见。同样，扎克伯格也会咨询格雷厄姆。他们的关系很近，重点都在于商业问题和一些两难困境。"

2005 年，《华盛顿邮报》一名高管的女儿在哈佛大学就读，在她的引荐下，扎克伯格与格雷厄姆相识了。他们二人都是那种不喜欢循规蹈矩的人：格雷厄姆在继承他的家族 1933 年创办的这家公司前，曾在华盛顿特区当过高级警察；而扎克伯格则是一名白手起家的哈佛辍学生。

两人首次见面是在《华盛顿邮报》总部，当时刚刚创建不久的 Facebook 还处于在宿舍里运营的阶段。

"对我来说，我并不想将 Facebook 发展成为一家赚钱的公司。比起赢利，我更看重的是如何把事做好，并且有更多人来使用。"扎克伯格喝了一口水，接着一口气说出了自己心里最真实的想法，"简而言之，Facebook 的诞生，是为了履行一种社会使命，让世界更加开放，更加紧密相连。"扎克伯格面对这个比他年长 39 岁的资深媒体人毫无惧色，详细地为他讲解了 Facebook 的运营状况和自己的目标。

扎克伯格说话期间，格雷厄姆一直凝神倾听，频频点头。扎克伯格说完以后，他又认真地盯了扎克伯格好一会儿，才开口道："很不错！很有感觉！如果可以，我想立刻为你的公司投资。"格雷厄姆是个商场老手，对于资金问题一直非常小心谨慎，他后来回忆，这是他一生中唯一一次想做风险投资，而且这种愿望非常迫切。因为当时他已经强烈预见到 Facebook 的前途一片光明。

尽管这笔投资最终未能实现，但两人在未来的业务中往来密切，并且发展了一段被传为佳话的友谊。

到了 2007 年，Facebook 开始扩张，扎克伯格也成为这家年轻公司的 CEO。扎克伯格给格雷厄姆发邮件说："我现在已经是 Facebook 的 CEO 了，却不知道一个好的 CEO 应该做些什么。我想跟随你几天，看你每天都在公司里干些什么。"

接下来的一个星期里，扎克伯格到格雷厄姆位于华盛顿的办公室参观了好几次，他多次列席了《华盛顿邮报》的高层会议、投资者大会和新闻发布会。除此之外,他经常静静地坐在华盛顿邮报公司总部大楼第9层的格雷厄姆办公室里,不算高大的身子深深地陷在皮椅子里,孩子气的脸上没有什么表情,目光穿过落地玻璃窗前的绿色盆栽,凝视着大厦前繁华的街道。

"很好玩。他做事认真,却又有一股浑然天成的孩子气。"事后格雷厄姆这么评价。

2008年年末,Facebook公司规模再一次扩大,公司高层重新洗牌,扎克伯格邀请格雷厄姆加盟董事会。从2009年起,格雷厄姆开始正式担任Facebook的董事。格雷厄姆说:"从第一次见面,马克就告诉我,他创办Facebook是为了推动社会更加开放,并相互理解,而不仅仅是做生意。如今,他确实做到了。虽然他只有28岁,但他所从事的事业非常值得人尊敬。"

格雷厄姆加盟董事会时的Facebook公司处于蒸蒸日上的上升阶段,而他辛苦经营的《华盛顿邮报》却存在着很多困难。美国出台的监管规定,已经对该公司的主要赢利来源开普兰教育业务产生了影响,这一规定旨在限制营利性高校的广告投放力度。除此之外,该公司的主要报纸发行量也出现下滑,并于2010年作价1美元出售了《新闻周刊》。

在过去的40年里,每当遇到难题,格雷厄姆都喜欢向好友沃伦·巴菲特征求意见,年仅28岁的扎克伯格凭着对互联网的深入了解,也已经成为格雷厄姆通往数字领域的领路人。

"巴菲特很独特,但扎克伯格是另一种风格的顾问。"格雷厄姆说。

扎克伯格还帮助格雷厄姆设立过多个网络项目,希望能帮助

《华盛顿邮报》集团充分利用 Facebook 和其他社交媒体网站的力量，恢复到从前的地位。

例如，2010 年夏天，《华盛顿邮报》就启动了一个名为 Trove 的项目，以 Facebook 资料中的数据作为起点，用户可以根据自己的兴趣建立新闻网站。后来又开发了一款叫作 Social Reader 的应用程序，可以允许用户的 Facebook 好友看到他们正在阅读的文章。

然而，这种新技术将对《华盛顿邮报》的未来产生何种影响尚不明确——即使是对格雷厄姆而言，同样如此。2011 年 12 月初的一次媒体会议上，他就对投资者们坦言："未来的收益我也不太明确。"

但是这样的合作无论对于扎克伯格还是格雷厄姆来说，都不是没有意义的。"我在 Facebook 的董事会上投入了很多时间，参与了公司很多具体的环节，这使我受到了很大的影响。"格雷厄姆说，"这样的合作并不只是为了创收，它更像是一项实验。"

《华盛顿邮报》的首席数字官维贾伊·拉文德兰也表示，Facebook 等新兴社交网络对新闻机构的重要性，让人想起谷歌等搜索引擎十年前对媒体行业的影响。格雷厄姆说，当年没有拥抱谷歌，并采用搜索引擎优化技术的出版商 "都在最近 5 年付出了代价"。"Facebook 很重要，这种重要性只会越来越大。" 他说，"我们把赌注压在这上面。"

低调拜访中国同行

2010 年底，扎克伯格当选美国《时代》周刊"年度风云人物"，一直在美国乃至全世界都热度不下的"Facebook"又掀起了一次的热潮。2010 年 12 月 20 日，扎克伯格与相恋多年的女友普莉希拉·陈踏上了中国这片土地，开始了他们备受关注的中国之行。

早在之前接受《时代》周刊采访时，扎克伯格就表示，由于女友家人仍在中国生活，他将趁年底的假期前往中国。

12 月 20 日凌晨，中国移动研究院院长黄晓庆就在回北京的飞机上偶遇扎克伯格。随后，又有 Facebook 的粉丝在雍和宫发现了扎克伯格和其华裔女友普莉希拉的身影。两人都穿着简单的加绒 T 恤、牛仔裤和白色球鞋，一边走，一边愉快地交谈，说到高兴之处，性格活泼的普莉希拉总会踮起脚尖轻轻吻一下扎克伯格的脸，跟所有相爱的年轻情侣没有什么分别。一位 Facebook 的粉丝还向两人请求合影留念："他笑起来很羞涩，是个可爱的大男孩，没有架子。"

扎克伯格这次中国之行虽然尽量低调，但他这几天的行程表明，他这次来中国并非"休假之旅"或"陪女友探望家人"这么简单。

12月20日中午，和女友游览完雍和宫后，扎克伯格就突然出现在了北京的百度大厦，专程拜会了百度创始人李彦宏先生。不过，扎克伯格这次的百度之行非常低调，除了李彦宏以外，只有极少数百度员工知道扎克伯格来了。

扎克伯格和李彦宏先是一起在百度员工食堂共进了午餐，随后两人进入了李彦宏位于7楼的办公室内关门密谈。这次谈话持续了将近两个小时。此外，扎克伯格就再也没和百度其他人士有过交流。所以两人在单独会面期间究竟讨论了什么问题，到现在都还不得而知。

百度新闻发言人郭怡广表示，此次是扎克伯格的私人探访，并非两家公司的商务安排。郭怡广还提到，从2010年7月到12月，短短不到半年的时间里，这已经是扎克伯格和李彦宏的第三次会面了。2010年7月份，李彦宏作为唯一受邀的中国企业代表参加美国太阳谷峰会，曾被目击与扎克伯格亲密交谈；此后11月中旬的Web2.0峰会中，两人再次聚首。

与李彦宏"叙旧"完之后，扎克伯格又马不停蹄地拜访了中国移动。

12月21日下午2点左右，扎克伯格出现在了位于北京西城区金融大街29号的中国移动总部。这次去中国移动总部，扎克伯格还是非常低调，他并没有乘坐一般人想象中的豪车，而是开了一辆蓝色的别克商务车，除了女友普莉希拉并没有其他随从，他也仍穿着去百度总部时的那件咖啡色帽衫。

这次扎克伯格与时任中国移动的董事长王建宙还是一对一的

会谈。在接近两个小时的会面中，两人相谈甚欢，不时有笑声从紧闭着门的办公室里传出。直到接近下午 4 点的时候，扎克伯格才和女友一起离开了中国移动总部的大楼。

后来据有关人士透露，在这接近两小时的时间中，扎克伯格与王建宙很可能就移动互联网的发展机会进行沟通，寻找双方合作的可能。该人士还表示，如果 Facebook 与中国移动达成某种合作，将很可能是改变行业发展格局的合作。

在那之后的几年，微博已经成为中国网民网络生活里必不可少的一部分。中国这阵"微博热"自然也没有逃过扎克伯格敏锐的嗅觉。在李彦宏、王建宙之后，扎克伯格将他中国之旅的第三天行程安排在了新浪。

尽管在以扎克伯格为原型拍摄的电影《社交网络》里，扎克伯格被塑造成了一个背叛朋友、霸道偏执的野心家、工作狂，不过在现实生活中，扎克伯格要亲切随和得多。

22 日那天，扎克伯格本来与新浪 CEO 曹国伟上午 10 点见面，因为担心路上会堵车，扎克伯格提前出发了，但从他暂住的酒店到中关村，一路上路况都很好，结果他九点左右就到达理想国际大厦。

扎克伯格觉得早到不太礼貌，就没有上楼，而是与女友在楼下的咖啡厅里待着。结果被同在咖啡厅里的新浪员工认出来了，就上前请求他合影，他爽快地答应了。"他笑起来很清纯、很羞涩。他是个很守时、很有礼貌的好孩子。"事后这名新浪员工在其微博里这样写道。

根据新浪员工的照片显示，随性的扎克伯格那天还是穿着那件咖啡色的帽衫，稚气的脸上带着亲切的笑容。

曹国伟以及新浪副总裁、微博事业部总经理彭少彬一同接待了扎克伯格并带其参观了新浪。一行人在阳光敞亮的理想国际大厦里边走边聊，气氛很是融洽。

"中国的互联网市场目前还有巨大的发展潜力，随着互联网的普及，中国的网民也非常积极地参与到网络生活中来，他们是中国互联网继续发展的强大动力。"曹国伟向扎克伯格介绍。

对此，扎克伯格表示赞同："随着网络时代的来临，如果不把中国这块巨大的市场考虑进来，互联网要想进军全球就只是天方夜谭。"

除此之外，扎克伯格还对新浪微博这一当时中国最热门的互联网产品做了深入了解。

值得注意的是，虽然早在 2007 年 Facebook 就注册了 .cn 的域名，并在 2008 年推出了简体中文版本，但是 Facebook 一直未能进入中国市场。也正因为如此，此次的访华之旅被认为是扎克伯格为 Facebook 进军中国的"探路之旅"。

《福布斯》杂志指出，仅从扎克伯格拜访了中国搜索引擎老大百度一事就可以看出，扎克伯格的中国之行不仅仅是为了旅游，还肩负了很多商务任务。尽管 Facebook 的发言人一再表示扎克伯格只是在度假，并拒绝任何猜测置评。

不过可以看得出，扎克伯格对中国感兴趣的地方，远远不止正在交往的华裔女友。他专门请来华人教师，每天都会花一个小时来学习中文。2010 年来中国时，他就可以用还不大流利的中文与中国 IT 业几大巨头进行交流了。他表示，学习中文不仅是为

了能和华裔女友普莉希拉·陈的家人进行交流，还是因为"当你
失去中国 10 多亿人后，你如何去连接整个世界"。

扎克伯格日本行

　　2012 年年初，Facebook 传出即将上市的消息以来，就一直处在舆论的风口浪尖。就连一向低调、不喜欢参与社交活动的马克·扎克伯格也变得活跃起来，把自己的社交活动搞得风生水起，频繁地出现在公众的视线中。2012 年对于 Facebook 和它的创始人兼 CEO 都注定是不平凡的一年。

　　时任日本首相的野田佳彦自 2011 年就任以来，就先后接见过来自全球各地各个领域的诸位要人。2012 年 3 月 29 日，野田佳彦又专程会见了一位明星式的特殊人物——马克·扎克伯格。

　　扎克伯格 3 月 29 日到访日本，当天下午就受到了首相野田佳彦的亲切接见，Facebook 在日本的影响力由此可见一斑。

　　当天，扎克伯格身着灰色西装，系一条宝蓝色领带，从容淡定，已不是昔日青涩害羞的大男孩儿。一见到野田佳彦，他就亲切地和这位首相握手，并用生涩的日语寒暄："首相阁下，你好！"

　　野田佳彦看着面前这位开朗热情的大男孩，对他说："能在这里见到你，的确是一种非常有趣的感觉。我也看过《社交网络》这部电影，但是看见了本人，我觉得感觉完全不同。"

扎克伯格谦逊地笑笑："这是好莱坞一贯的创作手法而已，并不是完全属实的。里面的角色与我本人确实很不一样。"

接着，两人还就 Facebook 在日本的发展规划和前景进行了详细的会谈。Facebook 一直非常重视包括中国、日本和东南亚诸国在内的亚洲市场，并且早在 4 年前就开始展开日语服务，希望在日本的社交网络市场开辟一条新道路。

2010 年 9 月，Facebook 在东京设立了分部，并且引进了一种名为 Connection Search 的专门提供搜索招聘岗位的服务。不过，Facebook 进驻日本大半年以来，在日本市场的反应一直不温不火，日本用户的增长速度也很缓慢，一直落后于同类网站 Mixi。不过，这种情况在 2011 年 3 月份时发生了急剧的变化。

2011 年 3 月，日本沿海地区受到了地震、海啸等一系列灾难的重创，很多家庭都在灾难中遭受了前所未有的打击。灾难过后，父母和失散的孩子们迫切需要网络确定彼此位置以及是否安全。这时，Facebook 的一类在线服务派上了大用场，失散的人们只要通过 Facebook 就可以即时把有用信息分享给外界，而且也可以使日本官方更加精准地统计受灾人数和受灾程度，以便派遣救灾物资。在日本受灾期间，Facebook 在家人传递消息、国际交流、寻求国际支援等方面都发挥了很大的作用，用户数量激增。短短几个月时间里，Facebook 在日本的用户增长了约一倍，由原来的 600 万一下子增加到 1000 万。

不仅如此，灾难期间，Facebook 作用得到极大发挥，日本众多商业企业也将目光投向 Facebook。日本的许多商业企业都开始利用 Facebook 进行宣传，其中就包括优衣库等知名品牌。

　　对此，野田佳彦也向扎克伯格直言不讳地称赞 Facebook："Facebook 非常实用，尤其是在灾难期间。我非常感谢以 Facebook 为代表的社交网络在去年日本大地震和海啸期间为通讯传媒所做的贡献。而且，Facebook 这类社交网络还有助于振兴经济，把更好的产品推销给它的用户。"

　　扎克伯格露出他招牌式的略显羞涩的笑容，谦逊地说："为社会和用户做贡献这是 Facebook 一直以来肩负的使命。去年日本大地震和由此所引发的海啸也给我带来了启示，我需要为 Facebook 寻找更多的方法来帮助身处自然灾害中的人们。"

　　在扎克伯格这个思路的领导下，2012 年 2 月，Facebook 又在日本市场推出了"灾难信息公告板"服务。此服务可以使人们更加便捷地了解各自在紧急情况下的状况，并且帮助用户寻找家人和朋友。Facebook 也计划在其他国家推出类似的服务。

　　在结束了与日本前首相野田佳彦的会见以后，扎克伯格还接受了日本许多知名媒体的采访。在采访中，扎克伯格坦言："日本是 Facebook 在美国之外，唯一建立工程办公室的国家，因为我们致力于在日本市场打造出优秀的产品。"

　　不仅如此，Facebook 随行发言人德比·弗洛斯特也向媒体称："在日本这样一个拥有活跃开发者社区的市场上，Facebook 用户数量已经超过一千万人，另外，日本的移动市场已经较为成熟。总而言之，日本是一个对 Facebook 非常重要的国家。在未来几年里，Facebook 除了在美国本土的发展以外，也会把工作重心放在日本市场。"

　　2012 年年初，Facebook 就针对日本人喜欢研究亲友血型的特点，开发了一款允许用户公开自己血型的服务，这样一来，就有助于日本用户通过血型来分析了解自己好友的性格。

而且，扎克伯格在去日本之前，刚刚携女友在中国进行了为期几天的旅行，好好地给自己放了个假。旅行一结束，他就立刻前往日本。根据一些业内人士分析，Facebook 现在如此重视日本市场，正是它向庞大的亚洲市场进军的一个策略。Facebook 打算先在韩国、日本扩展市场，然后再向觊觎已久的中国市场迈进。"扎克伯格此次拜访日本首相野田佳彦可以说是在为曲线入华做铺垫。要知道，Facebook 要成为真正的社交帝国，是不可能绕过中国市场这一环的。"一位业界人士针对此次扎克伯格访日犀利地指出。

附录
扎克伯格成长道路上的重要人物

雪莉·桑德伯格

桑德伯格毕业于哈佛大学，师从经济学家拉里·萨默斯。从哈佛大学毕业后她在世界银行担任扶贫的有关工作。从 1995 年萨默斯担任克林顿政府财政部副部长起，桑德伯格一直是他的幕僚，最后官至财政部办公室主任。2001 年，桑德伯格加入谷歌，负责广告项目的销售与运营。

2008 年 3 月，带着一丝不安，桑德伯格到 Facebook 上班。之所以不安，是因为她不知道为一个 23 岁的小伙子打工将会是一种怎样的生活。扎克伯格告诉她，会给她放权并给予充分的信任。桑德伯格到任后，将 Facebook 的重点放在寻找广告商机上。谷歌通过关键字搜索，成为互联网界的广告之王，当时的年广告收入超过 200 亿美元。Facebook 需要找到属于自己的广告收入模式，扎克伯格希望"广告要变成内容"，后来这个设想被桑德伯格的团队落实成"定制式广告"，也就是引导用户参加碰巧出现在自己页面上的一些活动，与品牌"友好"地建立联系。定制式广告取代赞助商广告成为 Facebook 的主要广告形式。推行的第一年，定制式广告的收入就达到数亿美元。"如果你的 Facebook 个人信息填写得足够具体，你会发现该网站上的广告好得出奇，唱片公司似乎知道你喜欢什么音乐。"

《商业周刊》评价桑德伯格："帮助公司度过了此前数次未曾料及的高速扩张期，领导公司成功开发出对世界最大品牌企业有吸引力的广告平台，造就了与专横的 26 岁公司开创者扎克伯格的经营伙伴信任关系。"

爱德华多·萨维林

萨维林是 Facebook 最早的天使投资人，他为 Facebook 注资了 1000 美元并担任 CFO。他对自己在电影《社交网络》中被刻画成一个猥琐的形象很不满，是他为扎克伯格在硅谷两个月的花费埋单。因为萨维林长期在纽约，并且被团队成员认为做了过分的事情（比如在纽约装模作样不干正事、自己跑出去和别人做招聘网站、未经授权把一个广告放在网站页面上），导致扎克伯格和萨维林矛盾激化。萨维林看到扎克伯格不通知自己就去和彼得·泰尔谈融资，一怒之下冻结了扎克伯格的账户。扎克伯格拿到泰尔的 50 万美元，通过重组公司，更改股权结构（萨维林增

加了可稀释的普通股股份，扎克伯格股份降低但不可稀释），增
发普通股，萨维林的股份被稀释到千分之一左右。发现真相的萨
维林起诉了扎克伯格，扎克伯格也很干脆地开除了萨维林。萨维
林还找了一个作家，写了一本书"弄一弄"扎克伯格。法院审判
的结果是，萨维林拥有 7% 的股份（现为不到 5%）。扎克伯格为
防止萨维林再闹事，给了他一大笔数目不详的封口费，并再次承
认他作为公司联合创始人的地位。

唐纳德·格雷厄姆

这位《华盛顿邮报》集团的董事长已经为 Facebook 准备好了
600 万美元，扎克伯格也答应接受投资。不巧的是，华盛顿邮报
公司的谈判代表因父亲去世回家奔丧而耽搁了签最终协议。这个
空子被阿克塞尔合伙公司钻了，他们拿出了 1270 万美元。扎克
伯格在道德上面临两难的选择。格雷厄姆告诉他："孩子，去吧，
接受他们的钱，把公司发展好，祝你一切都好。"从此，格雷厄
姆成为扎克伯格非常敬重的前辈，在和比尔·盖茨见面以及聘用
桑德伯格等问题上，扎克伯格都征询过格雷厄姆的建议。从 2009
年起，格雷厄姆担任 Facebook 公司董事。

普莉希拉·陈

这是扎克伯格的女友，两人在排队上厕所时认识的。2005 年，
扎克伯格回哈佛向校方告知他的退学意图，同时打算招募一些校

友去 Facebook 工作。扎克伯格向路过的普莉希拉提出邀请，普莉
希拉当即同意，并将手里的橡皮糖分了几个给扎克伯格，两人边
吃糖果边在校园散步，恋情就此开始。

肖恩·帕克

帕克勇于打破传统的桎梏，童年时的帕克多次挑战权威。16
岁时，他因非法入侵多个跨国公司的计算机网络甚至军事数据库
而被逮捕。

19 岁时，帕克与肖恩·范宁一同创办音乐分享网站 Napster。
Napster 颠覆了唱片行业。唱片公司以 Napster 助长盗版歌曲传播
为由将其告上法庭，后 Napster 迫于诉讼压力关闭。尽管如此，
帕克的很多朋友现为音乐界的艺术家和高管。

从 Napster 离职后，帕克创办在线通讯录服务 Plaxo，后因与
公司风险投资合伙人意见不合而被开除。

24 岁时，在向 Facebook 创始人和 CEO 扎克伯格发送一封电
子邮件后，帕克加盟 Facebook 并成为第一任总裁。

2005 年，时任 Facebook 总裁的帕克因私藏可卡因而遭到北
卡罗来纳州警方的质询，警方最终因并未找到帕克吸食毒品的证
据而放弃为其定罪。此次事件导致帕克在 Facebook 的地位下降，
并最终遭到公司的驱逐。

根据《福布斯》的报道，因持有 Facebook 部分股份，帕克拥
有近 21 亿美元净资产。批评者认为，帕克的成功在于运气，而
支持者称帕克的成功在于他具有远见卓识。帕克以自己的方式成

名，他洞察社交媒体以及个人生活的前进方向。好莱坞男星阿什顿·库彻为帕克的好友，两人于十几年前相识。库彻也为帕克的预知能力所折服，他指出："你总是认为他知道你所不知道的东西。"

帕克还是瑞典音乐平台 Spotify 的董事，并希望将 Spotify 打造成另一个 Napster。帕克还成为慈善社交网站 Causes.com 的创始人，该网站创办于 2007 年，他指出，希望将社交网络推广至每个角落，并使得人们很容易献出自己的爱心。

Λ